山西省高等学校哲学社会科学项目“就业均衡视角下山西省空间协同发展的
山西省哲学社会科学规划课题“山西数字经济规模测度及产业关联分析”（项

中国经济增长中的多维均衡测度

刘雪晨 著

MULTIDIMENSIONAL BALANCED MEASUREMENT IN CHINA'S ECONOMIC GROWTH

知识产权出版社
全国百佳图书出版单位
—北京—

图书在版编目（CIP）数据

中国经济增长中的多维均衡测度 / 刘雪晨著 . -- 北京：知识产权出版社，2022.3

ISBN 978-7-5130-8073-6

Ⅰ . ①中… Ⅱ . ①刘… Ⅲ . ①中国经济—经济增长—研究 Ⅳ . ① F124.1

中国版本图书馆 CIP 数据核字（2022）第 031412 号

内容提要

本书基于中国国情和发展方向，提出“经济增长的多维均衡”概念框架，进行多层次的刻画和解析。通过对中国经济历史数据和现实运行进行全面判断，构建了契合中国宏观经济增长的多维均衡系统，并运用联立方程模型估计和目标规划模拟了多维均衡关系和多维均衡值。本书构建中国经济增长多维均衡指数体系，同时借助于两个模型结果的指数测算，有助于在经济增长多维均衡理论框架下形成完整的均衡测度指标体系。另外，对经济非均衡发展进行测度分析，为未来经济增长的治理方向和战略选择提供一定依据。

本书适合经济学领域研究者阅读。

责任编辑：李　婧　　　　**责任印制：孙婷婷**

中国经济增长中的多维均衡测度

ZHONGGUO JINGJI ZENGZHANG ZHONG DE DUOWEI JUNHENG CEDU

刘雪晨　著

出版发行： 知识产权出版社 有限责任公司	**网　　址：** http: //www.ipph.cn
电　　话： 010-82004826	http: //www.laichushu.com
社　　址： 北京市海淀区气象路50号院	**邮　　编：** 100081
责编电话： 010-82000860转8072	**责编邮箱：** lijing@cnipr.com
发行电话： 010-82000860转8101	**发行传真：** 010-82000893
印　　刷： 北京中献拓方科技发展有限公司	**经　　销：** 各大网上书店、新华书店及相关书店
开　　本： 720mm × 1000mm　1/16	**印　　张：** 11.75
版　　次： 2022年3月第1版	**印　　次：** 2022年3月第1次印刷
字　　数： 180千字	**定　　价：** 65.00元

ISBN 978-7-5130-8073-6

前　言

近年来，国际政治经济动荡加剧，大国贸易摩擦增多，英国脱欧和由美国发起的中美贸易摩擦等给中国经济带来了许多不确定性。随着金融市场的进一步对外开放，全球各类潜在风险叠加共振。从当前全球经济看，经济均衡和稳定已经成为困扰各国经济发展的关键问题。中国经济“新常态”让国家越发意识到均衡增长、协调发展的迫切性和重要性。党的十九大报告中首次提出“高质量发展”，强调了新发展理念，这促使经济学者在经济持续增长、平衡（均衡）发展及平衡（均衡）测度等领域进行多方面的反思和研究。

中国必须具有很强的抗冲击能力，保持经济的稳定性。一个国家承受外部冲击和压力是常态，在外部冲击比较剧烈的情况下，经济的均衡发展程度就成为检验一个国家能否正常运转的重要标志，也是国家应对外部突发事件的能力体现。中国作为一个大国，在经历了40多年快速发展后，经济系统积累了一些矛盾，宏观经济运行中的矛盾不断突显，如消费与投资的矛盾、能源环境制约与经济增长的矛盾、过度繁荣的房地产市场与经济可持续增长的矛盾，种种失衡状况使中国经济增长潜力和可持续发展受到挑战。

从当前中国实际来看，比起保持高速增长，调整经济结构、实现多方面均衡发展是更重要且艰难的任务。《中华人民共和国国民经济和社会发展第十四个五年规划纲要》指出“我国发展不平衡不充分问题仍然存在”，应“加强国际宏观经济政策协调”，“促进经济总量平衡、结构优化、内外均衡”。本书提出“经济增长中的多维均衡”概念，主要是指在经济增长达到潜在经济增长水平时，经济系统中相互联系的多维度变量间的关系也达到稳定的状态，其中，“多维”指经济系统中彼此联系且相互制约的不同维度的状态变量，这些状态变量间的稳定关系称为多维均衡。多维均衡基础上的经济增长应该成为经济发展主旋律。因此，判断和测度均衡发展程度，就成为实现中国多维均衡经济增长的前提和重要问题。

中国经济多维均衡增长需要统计识别，经济增长是否均衡，对于国家经济高质量发展意义重大，需要准确、科学的方法论进行研究。本书关注宏观经济增长的多维均衡的解构与非均衡发展的测度，有助于均衡发展理论和测度方法创新。本书的贡献为：第一，基于中国国情和发展方向，提出“经济增长的多维均衡”概念框架，进行多层次的刻画和解析，为后续均衡系统模拟和均衡测度提供理论基础。第二，基于中国经济历史数据和现实运行进行全面判断，构建契合中国宏观经济增长的多维均衡系统，并运用联立方程模型估计和目标规划模拟多维均衡关系和多维均衡值，做到理论建构与方法创新的统一。第三，构建中国经济增长多维均衡指数体系，借助两个模型结果的指数测算，在经济增长多维均衡理论框架下形成完整的均衡测度指标体系，通过对比实际水平与均衡水平的差异，对经济非均衡发展进行测度分析，以便进行失衡监测和预警，为未来经济增长的治理方向和战略选择提供依据。

本书是在本人博士毕业论文基础上修改完善后形成的。值此书稿完成之际，衷心感谢我的导师李宝瑜教授，他对本书的整体思路设计给予了重要的指导，对本书的出版提供了资助，感谢山西财经大学统计学院给予我帮助和指导的老师们，感谢太原师范学院经济系同事们的鼓励和支持。另外，感谢中国农业银行李潇雅硕士参与第七章初稿的修改工作。

本书的成稿是山西省高等学校哲学社会科学项目“就业均衡视角下山西省空间协同发展的测度与评价”（项目编号：2020W136）和山西省哲学社会科学规划课题“山西数字经济规模测度及产业关联分析”（项目编号：2021YY078）的研究成果。

本书对中国经济增长的均衡发展问题只是初步的探索，希望能抛砖引玉，引起学界对多维均衡增长的更多思考。由于研究时间较短，书中尚有不妥之处，敬请各位专家和同仁的批评指正，以使本人在今后的研究中得以进一步完善和提高。

刘雪晨

2021 年 11 月

目录

第一章 引 言

在研究开始前，首要问题在于对“均衡”这一概念的理解。本章第一节首先探讨了均衡在经济研究中的不同内涵，并在此基础上，提出本书对“经济增长的多维均衡”的概念界定及特点。第二节，描述我国当前的多维失衡现状并提出本书的研究背景。第三节、第四节分别叙述本书的研究思路与方法、研究内容，以及本书的创新点。

第一节 概念界定

一、“经济均衡”概念的探讨

“均衡”，这一词在中国较早的出处是唐代王冰《素问·五常政大论》：“德旋周普，五化均衡。”其白话释义是指内含的旋律周全普遍，宫、商、角、征、羽五音相互平衡。物理学中，均衡概念表示各种方向相反的力互相抵消时的一种状态。一般意义上，“均衡”具有平衡、合理、稳定的含义。均衡是一种多现象或者不同客体之间的关系，单一个体无所谓均衡，只有两个或者多个客体之间存在一种协调关系时，我们称之为均衡。均衡是一种状态，从静态角度看，各个客体之间应该达到一种人们所期待的协调状态，从动态角度看，各个客体随时间变化时均衡关系仍然不变。

经济过程中同样存在均衡。经济学中，“均衡”是一个十分重要的概念，均衡分析是经济学走向科学性的开始和基础。从最一般的意义来说，“经济均衡”是指在某种经济环境的背景下，各种经济利益主体在资源约束下的协调和平衡。

在人类社会发展的不同时期，由于生产方式、经济活动内容、社会需求的变化，经济均衡发展了多种不同的概念，不同的表现形态，不同的理论假设、研究对象及不同的分析方法。经济均衡分析就是通过研究特定背景（社会制度、意识形态和政治民众价值追求）中各种经济要素在多个利益主体驱动下的平衡比例分布结果和协调过程，来分析和解释经济规律。[1]当我们能够从这些概念演变的历史中了解均衡概念的本质特征和逻辑关系时，也就在很大程度上理解了经济均衡。

本书将经济均衡大致分为三类。

第一类是微观范畴的经济均衡。微观经济均衡是对个体利益最大化的追求，是从个人意愿和行为出发去解释市场价格，在新古典经济学时期的边际革命中正式出现并兴盛。在微观经济均衡分析中，根据包含市场多少及市场行为主体能否对其他市场产生影响[2]，相关理论主要有"一般均衡""局部均衡"。最经典最有代表性的微观经济均衡是"一般均衡理论"，是分析所有市场和经济主体都处于均衡状态的理论。法国经济学家瓦尔拉斯是"一般均衡理论"的缔造者，他首次描述了微观经济均衡，对"均衡"的理解建立在交换价值的基础上，假定交易只有在达到均衡时才实际进行，并且交易者在均衡时获取最大化效用。一般均衡理论认为，市场会通过反复的调整而必然趋向均衡，论证了完全竞争市场中一般均衡的存在性、唯一性、稳定性和最优性。对均衡状态的要求是要素市场供求相等，即"市场出清"。其主要假设是全面理性和市场完全竞争，利益主体是要素市场主体消费者和生产者，分析方法是基于边际效用价值论以价格代表供给与需求的价值对市场要素的均等分配。微观经济均衡的另一大理论是"局部均衡分析"，是西方当代微观经济学的奠基人英国经济学家马歇尔的重要研究贡献。相对于一般均衡理论，局部均衡只分析一个经济的某个部分，而假定其余部分对这部分的影响保持不变。不同于一般均衡理论的静态分析，马歇尔使用比较静态分析研究旧均衡（短期均衡）状态向新均衡（长期均衡）状态转移的条件，过渡过程中各种生产要素数量的变化，以及不同均衡状态比较分析经济进步对收入分配的影响。

---

[1] 王国成．从一般均衡到对策均衡：经济学的世纪抉择［J］．天津社会科学，2000（1）：55-59.

[2] 王璐，杨庆丰．两种均衡理论的争论：古典－马克思一般均衡与新古典一般均衡［J］．经济评论，2006（1）：3-12.

第二类是宏观范畴的经济均衡。宏观经济均衡关注的是经济总量各主体间的协调及宏观经济增长的目标，也常称为“平衡”。相关理论包括古典经济学、马克思经济学、哈罗德多玛模型和凯恩斯主义。宏观经济均衡其实早在古典经济学时期就已经出现，亚当·斯密运用“看不见的手”揭示了资本主义市场运行的自动协调机制，李嘉图之后提出统一利润率的竞争规律说明了古典经济学的均衡思想。马克思在《资本论》中使用代表古典均衡的统一利润率建立了总量理论体系解释剩余价值的分配，在马克思的均衡理论中，统一的自然利润率是一种外生的“稳定状态”的利润率，他系统阐述了经济达到均衡的过程，即市场价格要不断围绕生产价格波动，这种供求变化会通过资源有效配置来调节，最终达到统一利润率均衡和市场供求均衡，深刻揭示了资本主义经济的长期均衡运动规律。萨缪尔森曾评价，“马克思是第一个表述稳定均衡状态的行列连贯的人。这是马克思在经济分析上的不朽贡献”。[1] 现代宏观经济学中，在新古典经济学的微观均衡无法适应当时社会实际的背景下，哈罗德多玛模型和凯恩斯主义又重新主张经济总量问题中的宏观经济均衡体系。在凯恩斯主义国民收入决定理论中，其研究对象是国民收入均衡水平和充分就业的决定机制，对均衡状态的要求是经济各力量对抗下达到的稳定状态——“失业均衡”，凯恩斯主张政府干预来弥补就业不足。均衡研究的分析方法是社会总需求和总供给的协调（供需平衡）。凯恩斯强调短期胜过长期，他提出均衡决定机制——每个时期都可以通过这个决定机制确定均衡产出和就业水平，这就脱离了一般均衡供需相等的桎梏。

第三类是在宏观框架下的微观经济均衡。这类均衡实质上是以新古典经济学一般均衡为基础的宏观经济均衡，是具有微观均衡基础的宏观经济研究，代表性的研究和模型主要有拉姆齐模型、新增长理论、新兴古典主义（新古典综合派）和新凯恩斯主义。在这种理论体系中，瓦尔拉斯一般均衡分析被用于阐述生产的技术关系，其微观的价值论和分配论用来解释均衡价格决定问题。拉姆齐模型的均衡是通过家庭效用最大化和厂商利润最大化的交互而实现，是微观基础决定的均衡。新增长理

---

[1] SAMUELSON P A. Marx as mathematical economist: steady-state and exponential growth equilibrium[M]. Trade, Stability, and Macroeconomic, Essays in Honor of Lloyd A. Metzler, ed. G. Horwich and P. Samuelson.New York: Academic Press,1975: 269 - 307.

论的内生增长模型和人力资本模型等均使用动态一般均衡方法来构建模型。新兴古典主义，也称为“新古典综合派”，是在一般均衡基础上理性预期假设和宏观经济的结合，代表模型是实际商业周期模型。新凯恩斯主义之所以“新”，也是因为其具有“一般均衡”的微观基础和理性预期假设，代表模型是新凯恩斯主义动态随机一般均衡模型。新兴古典主义和新凯恩斯主义假设经济系统是收敛于某个特定的潜在均衡点的动态过程，这一概念下的均衡被经济学家认为是长期的动态的均衡。

第一类微观范畴的经济均衡与第二类宏观范畴的经济均衡的主要不同点首先在于追求的目标不同，微观经济均衡追求市场出清下的个体利益最大化，而宏观经济均衡追求经济运行的稳定和协调；其次在于均衡价格决定机制不同，微观经济均衡是通过稀缺性价格决定供求均衡，实质上还是一种短期均衡，因为没有稳定机制保证均衡的长期存在性，而宏观经济均衡是在经济总量计量的总需求等于总供给中达到，一定意义上可以看作一种稳定状态，用“有效需求”问题良好地解释了失业问题。第一类微观范畴均衡与第三类宏观框架下的微观均衡，两者对均衡的理解都是瓦尔拉斯的一般均衡，不同点首先在于分析方法，前者是静态均衡和比较静态均衡，后者则是动态均衡；其次在于分析范畴，前者是以个量分析为主，根据对单个消费者、厂商和生产要素所有者的利益分析，得出市场能够自行均衡调节的结论，局限在于对现实经济的脱离，无法解释失业问题，后者侧重总量分析，对个体利益的分析建立在统一的总量表述的社会经济关系中。

综上所述，宏观范畴的经济均衡，尤其是马克思经济学的经济均衡，是以社会生产关系为基础的价值总量和分配关系计量，正是目前国民收入核算体系中以货币量表示的宏观统计变量，并且这些总量之间的稳定关系正是构成现实经济稳定状态的长期运行规律和宏观经济目标。因此，本书的均衡概念属于第二类——宏观范畴的经济均衡。

二、“经济增长的多维均衡”概念界定

本书关注宏观经济增长的多维均衡的解构与非均衡发展的测度，追求宏观经济的稳定增长与经济变量间的整体协调和平衡。事实上，不同时期，无论哪种经济理论和发展战略的提出、形成，都是为了克服该时期经济发展中存在的棘手问

题，也高度契合于当时的国情和政策。为了深入剖析当前中国经济增长的均衡发展问题，本书力图依据相关理论构建“经济增长的多维均衡”概念框架，明晰均衡系统的性质和构成，从而在均衡系统的基础上测度我国经济均衡与非均衡发展。

经济增长的多维均衡是指在经济增长达到潜在经济增长率水平时，经济系统中相互联系的多维度变量间的关系也达到稳定的状态。“多维”是经济系统中彼此联系且相互制约的不同维度的状态变量。经济增长中，这些不同维度的状态变量间的稳定关系称为多维均衡。例如，一个经济系统中，多维均衡可以是产业比重、收入分配、财政收支、消费需求、投资需求、货币供需、价格水平和国际收支。

经济增长的多维均衡包括两层内涵，一是经济的均衡增长，是在一定的经济环境和经济条件下，经济系统内的资源合理分配到各部门后，经济实现稳定增长，这一稳定增长用潜在经济增长率量化表示；二是经济增长中的多维均衡关系，多维均衡关系指经济系统中不同维度的状态变量之间的一种稳定、合理、协调的关系，其对立面就是失衡、不合理、不协调。

两层内涵同等重要、缺一不可，前者是发展的动力内核，后者是发展的基本前提。

当今世界面临百年未有之大变局，我国发展环境发生深刻变化，发展不平衡不充分问题仍然突出，必须立足社会主义初级阶段基本国情，科学应变，应对挑战。“经济增长的多维均衡”期望最终达到资源环境协调、物价平稳、收入稳步增长、财政平衡、金融市场健全、外贸稳定的多维均衡状态。这一概念的提出符合《中华人民共和国国民经济和社会发展第十四个五年规划纲要》（以下简称“十四五”规划）中的“协调推进全面建设社会主义现代化国家”“坚定不移贯彻创新、协调、绿色、开放、共享的新发展理念”的指导思想。对“经济增长的多维均衡”的追求，是对长期的、稳定的宏观经济效益的追求。

在进一步界定概念前，提出本书的基本假设：

假设 ①：经济系统存在均衡性，这种均衡性是由均衡关系和均衡水平构成，经济系统中不同维度的变量间的均衡关系是稳定的，而均衡水平的高低取决于该经济系统的技术水平、人口增长、制度形态等因素。

假设 ②：经济增长的实际过程就是整个宏观经济围绕其均衡状态波动的运

行过程，实际水平与均衡水平之间具有或多或少的差距。

1. 经济增长应该是均衡增长

我们所关心的不只是经济增长，还有经济长期的、稳定的、均衡的增长。经济增长过程就是国民经济围绕均衡增长路径运行的过程[1]，霍影[2]、舒晓惠[3]、中国经济增长前沿课题组[4]、吴立军和曾繁华[5]等众多学者或课题组肯定了中国经济增长存在均衡增长路径。复杂系统科学对均衡概念的定义是：均衡是特定的经济中某种模糊的长期收敛于“倾向”结果的状态。谢志刚[6]对这一概念的理解是，经济系统围绕某个状态上下波动或者朝着该状态不断收敛并保持系统内结构不变，此时经济处于均衡状态。纪明和许春慧[7]从供需转换角度研究经济均衡增长的规律，搭建了供给与需求总量均衡的经济均衡增长框架；吴义刚[8]在马克思扩大再生产理论中探讨均衡增长，指出在剩余价值率和资本消费占比不变的前提下，社会均衡增长的条件是保持资本有机构成不变，强调供给侧均衡。王曙光[9]用系统动态平衡定义“均衡增长”，强调复杂系统中事物运动从不平衡走向平衡的动态平衡。可见，均衡增长需要具备两个条件：①经济系统是以稳定的增长率增长；②经济增长过程中，系统内多维度的状态变量间的关系是稳定的，具有合理平衡的内部结构。

2. 均衡增长应该是多维均衡增长

经济系统内部结构平衡合理是均衡增长的前提，这种平衡（或称为均衡）不

---

❶ 雷钦礼．中国经济增长的均衡路径分析［J］．统计研究，2002（6）：10-14.

❷ 霍影．基于新古典增长模型的中国经济增长路径分析［J］．南京财经大学学报，2009（6）：1-5.

❸ 舒晓惠，宋金奇．中国经济增长的均衡路径探析［J］．统计与决策，2009（21）：97-99.

❹ 中国经济增长前沿课题组，张平，刘霞辉，等．中国经济长期增长路径、效率与潜在增长水平［J］．经济研究，2012，47（11）：4-17，75.

❺ 吴立军，曾繁华．后危机时代中国经济增长的稳态路径研究——基于四万亿投资冲击下的偏离与均衡分析［J］．当代财经，2012（1）：15-24.

❻ 谢志刚．对均衡的再认识——由社会主义经济核算大论战所引发的反思[J].社会科学战线,2010(04):81-87.

❼ 纪明，许春慧．论中国当前供需结构性改革思路——基于供需转换与经济均衡增长视角［J］．社会科学，2017（1）：30-39.

❽ 吴义刚．供给侧结构性改革：均衡增长的理论与逻辑——基于马克思扩大再生产理论的研究［J］．当代经济研究，2019（8）：27-34.

❾ 王曙光．农业农村优先发展与中国经济高质量均衡增长［J］．人民论坛·学术前沿，2020（24）：40-41.

是单一的而是多元的，不是局部的而是整体的，不是微观的而是宏观的，所以均衡增长应该是多维均衡增长，是一种全面的均衡。传统的宏观经济均衡目标一般包括四个方面：经济增长、充分就业、物价稳定和国际收支平衡。本书定义的经济增长的多维均衡是宏观经济系统不同维度的变量之间的协调和均衡的关系，经济均衡不是一方面的均衡，应该是多方面的均衡，包括国民经济众多主要领域。

3. 多维均衡是多变量间的一种稳定关系

在假设①中，均衡关系在系统中始终是稳定的。多维均衡关系，强调多维度的状态变量的稳定、合理关系，当这种关系为线性时，可以近似为广义协整关系（线性相关关系）。一般来看，这种不同维度的变量间均衡关系也可以为非线性，例如，不同增长阶段具有不同的协整关系，从而在全时空具有非线性的均衡关系。多维均衡关系可以是经济增长与各变量的均衡关系，也可以是均衡增长率下各总量变量之间的均衡关系。本书主要研究变量与经济增长间的均衡关系。

4. 多维均衡可以在不同水平上实现

经济系统的均衡可以是多水平的，并在不同水平上实现均衡。均衡水平，是指经济增长的多维均衡下的多变量均衡，潜在经济增长率在不同的生产力和社会经济发展等因素下具有不同的水平，其余经济变量的均衡水平随着潜在经济增长水平的变化而变化，因而经济系统的均衡也就有多个不同水平。每一个潜在经济增长率都有一组多维均衡值，不同的潜在经济增长率就有不同水平的多维均衡值。

5. 对多维均衡的测度可以反映出实际水平与均衡水平的偏离

多维均衡是可测度的，依据概念的两层内涵，测度内容应该包括多维均衡关系和均衡水平。关于多维均衡关系的测度，本书设想，用多变量长期趋势值建立的模型是稳定的均衡关系，而用实际值建立的模型是非稳态、非均衡的。均衡水平的测度，首先需要测算潜在经济增长率，然后基于稳定的多维均衡关系获得其他变量在不同潜在经济增长率水平下相应的均衡值。

非均衡也是可测度的，实际水平是围绕均衡水平上下波动的，非均衡是常态。在测算出均衡关系和均衡水平后，就可以测度实际水平与均衡水平的偏离，本书设想构建一套均衡指数，对经济非均衡发展进行量化分析。

三、“经济增长的多维均衡”特点

1. 经济增长的多维均衡既是一种理想状态，也是现实的阶段性目标

经济增长的多维均衡要求经济运行中经济增长达到潜在经济增长率水平，各变量也相应处于均衡水平，这种均衡水平是一瞬间的时点状态，是很难实现的一种理想状态。但是由于潜在经济增长率和各变量的均衡约束都依托于某一具体阶段各要素资源的配给和生产力最大可能范围，所以经济增长的多维均衡是一个历史范畴的阶段性目标，经济的均衡增长率和多维均衡关系都会随着现实阶段的进步而发生变化。

2. 经济增长的多维均衡是路径传递的均衡

经济增长的多维均衡既包括经济增长模型所涉及的变量与经济增长的直接均衡关系，也包括路径传递的间接均衡，即一个变量通过其他变量对经济增长的间接均衡关系。

经济增长的路径传递均衡，就是那些不作为经济增长直接要素但对经济增长起作用的因素（变量）也应该与经济增长保持均衡关系，这就超越了现有经济增长的均衡只包括商品市场供需均衡、要素均衡这样的概念。

3. 经济增长的多维均衡既是动态的，又是静态的

经济增长的多维均衡是一种动态平衡，长期来看，经济始终会不断增长，经济总产出及经济增长中的各变量以稳定的增长率动态地发展着。经济增长的多维均衡也是相对静态的，是指在某一时点上，客观经济要素及它们之间的均衡结构关系是稳定不变的。经济增长的多维均衡是动态平衡和静态平衡的统一结合。

4. 经济增长的多维均衡既是客观的，又是主观的

经济增长的多维均衡首先是客观的，是指多维均衡是由客观的经济系统各因素综合决定的，变量均衡范围既受现实客观条件约束，也受主观因素影响，即均衡增

长和均衡关系的形成受上层建筑主观意识的影响，是政策制定者在对当前和未来经济形势的判断下制定政策推动某种均衡的结果。主观性质和客观性质同样重要。

5. 经济增长的多维均衡不同于“一般均衡”

经济学视域中，一般意义上的均衡是以供给与需求平衡的一般均衡理论为主，本书经济增长的多维均衡不同于一般均衡理论中的“均衡”。本书的“均衡”是宏观范畴的，一般均衡理论是微观范畴的。本书的“均衡”是经济体中以经济增长为中心的各变量之间的平衡、协调，而一般均衡理论则强调竞争市场中供需平衡的市场出清状态。

第二节 经济多维均衡增长的研究背景

一、中国的经济均衡增长

罗伯特·卢卡斯曾说过：人们一旦开始思考（经济增长）这个问题，就再也不会想其他事情。从凯恩斯主义开始，经济增长就一直是现代经济学研究的主要课题。为什么不同国家同一时期发展速度相差巨大，以至于同时存在“增长奇迹”和“增长灾难”？为什么不同时期人们的生活水平有巨大的差异？这些问题都要回归到国家发展的核心问题——经济的均衡增长。均衡经济增长率的微弱提高在从长期看会带来人均收入的大幅增长，一般来说，经济长期均衡增长对收入水平的影响远远超过短期波动。研究经济均衡增长是探索国家收入水平提高的核心动力和根本因素的关键。

我们之所以强调经济增长的均衡性，是因为目前经济增长进入拐点。从欧美发达国家的经济增长经验来看，工业化带来的生产力飞跃使经济快速增长，劳动力大量流入高效率的工业部门，工业革命后积攒的潜力在这个阶段充分释放，这也将经济增长推进到城市化的成熟期，随后发展重心逐渐从第一产业、第二产业转向第三产业，这个过程必然伴随着经济增长速度的放缓，这是由于服务业的生产率低于工业。这种由经济增长加速到经济增长减速的过程是发达国家经济增长路径的普遍经验。中国在经历改革开放40多年巨变后，国内生产总值（GDP）跃居世界第二，工业化进程走向成熟，已经步入发达国家三四十年前经历的由经济增长加速到经济增长减速的转折期。从内在机制上看，可以说是长期经济增长路径上“结构性加速”到“结构性减速”的转化。[1]这种经济增长减速期并非不好，事实上，很多学者认为这是经济长期增长的稳定期，是更成熟的阶段，是国家工业化向城市化发展的系统性趋势，也是我国向发达国家迈进的必经之路。中国的经济增长过程可以分为两个阶段：阶段一是以高出口和高投资拉动为主，政府干预为辅，以结构调整促进效率提高；阶段二是城市化和服务业的发展为主推动经济稳定发展，以效率提高促进结构规划。[2]根据中国经济增长前沿课题组提出的阶段二的两个结构性标志——服务业份额达到50%和人口结构城市化率达50%，可知我国自2015年就已进入经济稳速增长阶段二。这一阶段，随着全国城市化率和服务业占比的不断提高和人口红利的下降，如果经济不能持续均衡增长，中国经济减速风险将加大。

当今国际经济动荡明显，外部不确定性冲击加剧。近年来，国际政治经济动荡加剧，大国贸易摩擦增多，英国脱欧和由美国发起的中美贸易战等事件给中国经济带来了不确定性。随着金融市场的进一步对外开放，中国经济受外部环境的影响越来越大，全球各类潜在风险叠加，不确定性冲击有加剧的趋势。从当前全球经济看，经济增长的稳定性和均衡性已经成为困扰各国经济发展的关键问题。

中国只有保持经济的均衡增长，才能具有很强的抗冲击能力。在外部冲击比较剧烈的情况下，经济增长的均衡性就成为检验一个国家能否正常运转的重要要素，也是国家应对外部突发事件的能力体现。中国作为大国，在经历了40多年快速发展后，经济系统已经积累了较多矛盾，经济运行风险不断加剧，维护经济稳定的复杂性高、协调难度大。只有抗冲击能力较强才能保持国家经济的稳定性。

受制于转型新时期复杂多变的国内外经济环境，我国经济运行的均衡关系

---

[1] 袁富华．长期增长过程的“结构性加速”与“结构性减速”：一种解释［J］．经济研究，2012，47（3）：127-140.

[2] 中国经济增长前沿课题组，张平，刘霞辉，等．中国经济长期增长路径、效率与潜在增长水平［J］．经济研究，2012，47（11）：4-17，75.

由单一向着非均衡的多维度方向演化，经济常出现短期的剧烈波动，非均衡发展风险也不断加剧。中央近年来宏观调控思路从“紧缩”或“宽松”转化为“适度”“稳定”，并提出了“稳就业、稳金融、稳外贸、稳外资、稳投资、稳预期”的六个稳定，抓住了经济中最重要的一些领域。在国家经济系统中，经济增长、就业、收入、财政、金融、国际收支等子系统都需要保持均衡增长。

二、中国经济多维失衡现状——“发展与代价”

多年来中国经济增长保持了较高的就业率，中国经济增长快速实现了基础设施建设的跨越性发展，但是快速增长时期遗留下来的结构问题逐渐凸显，现在的经济运行处于不断寻求新的均衡点的过程中。40 多年的高速增长阶段已经过去，高增长后的“代价”相继出现。在经济结构调整和转型升级的背景下，中国经济发展进入“新常态”，经济增长在外部环境恶化（贸易战）、通货膨胀预期和转型艰难的环境下从高速转为中速，加上消费与投资的矛盾、就业与通胀的矛盾、能源环境与经济增长的矛盾的出现必将对中国经济增长的可持续性形成挑战。中国经济均衡增长道路正面临多维失衡的危机和调整。

1. 供给侧非均衡

（1）劳动者报酬。

较低的劳动力报酬在过去的几十年发挥了低成本的“人口红利”优势，农村劳动力的大量流动形成较低价格的资源要素投入，使资本投入者获取高额回报，由此吸引国内国外的资本投资，促使制造业快速发展，造就了“增长奇迹”。

但是，长期的低劳动力报酬会导致经济失衡。第一，劳动所有者收入低，资本所有者回报高的收入分配不均；第二，劳动报酬低造成消费意愿不足，资本回报高造成投资水平较高，引发内需结果失衡；第三，形成“资本驱动型”增长，超额产出只能通过出口化解产能过剩，导致国际收支失衡。

较低的劳动力报酬一方面促进经济增长，另一方面导致经济失衡。劳动者报酬与国内生产总值增长率的比值是劳动者报酬占比，劳动者报酬占比要与劳动生产率与经济发展相适应，过高和过低都是失衡，我国的经济数据可以充分说明这一点。从表 1–1 和图 1–1 中可知，我国 2011 年之前劳动报酬占比处于下降趋势，2012 年开始上升，说明中国的低成本优势开始消失，劳动力报酬向均衡值回归，经济增长也相对下降。这个阶段虽然劳动力报酬向均衡值回归，失衡状况有所缓解，但是由于“人口红利”的丧失，经济无法继续高速增长而增速下降，说明仍存在失衡现象，劳动密集型的粗放发展方式仍未完全转型。

表 1–1　劳动者报酬占比实际数据　　单位：%

年份	劳动者报酬占比	年份	劳动者报酬占比
2000	52.2	2009	47.9
2001	52.0	2010	46.2
2002	53.1	2011	45.5
2003	52.3	2012	47.5
2004	50.1	2013	50.2
2005	49.8	2014	51.0
2006	48.6	2015	51.9
2007	47.4	2016	52.0
2008	47.2	2017	51.2

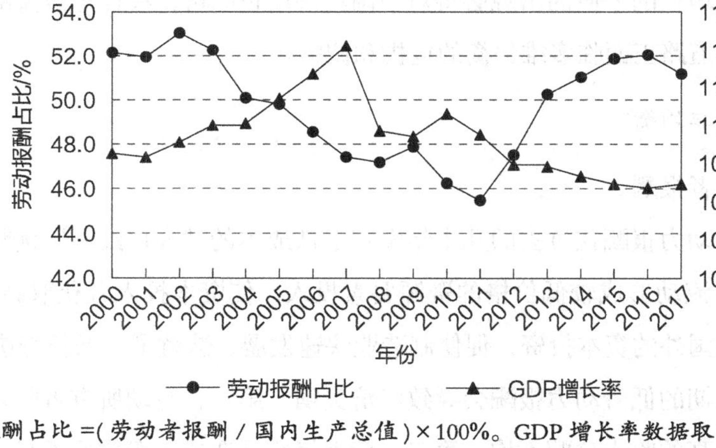

劳动者报酬占比 =(劳动者报酬 / 国内生产总值)×100%。GDP 增长率数据取自国家统计局的国内生产总值指数（上年 =100）。

图 1–1　我国 2000—2017 年劳动者报酬占比与 GDP 增长率

注：数据来源于国家统计局。

（2）资本存量。

资本存量与国内生产总值的比值称为“资本产出比”，常用来衡量资本存量的规模水平。如图 1–2 所示，我国资本产出比经历了 2006 年的下降后自 2008 年开始大幅上升，这主要是由于中国政府为应对2008年金融危机，出台了较多投资政策，虽然人均资本存量增加了，但是近几年经济依然下行压力仍然较大。我国资本产出比在2010年突破30年来的最大值，其后仍保持上升态势。这与长期经济均衡趋势相椁，也与实际的均衡增长经验不符。江三良、李攀分析中国资本产出比的相关历史数据，指出2007年之前中国资本产出比较稳定，经济增长符合卡尔多经济增长特征事实，而2008年之后资本产出比的上涨与经济长期稳定增长趋势不符。❶

2008年之后资本产出比不断攀升也意味着单位产出所需的资本投入增加，资本回报率下降了。新古典增长理论的一大假说就是：劳动力供给有限时，资本边际收益会递减。我国当前的状况正好就符合这一现象，劳动力供给不再充足，资本回报率也相应下降，资本产出比上升。资本产出比持续上涨会导致资本形成率和投资率持续升高，经济结构失衡而无法继续稳定增长，这从近几年来我国经济下行态势可以看出，较多的资本投入并未获得经济的持续快速增长，可见我国近年资本产出比的过快增长是非合理的。

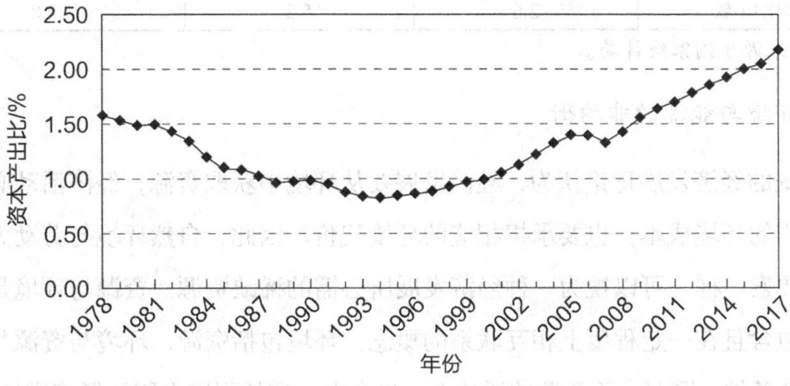

注：资本产出比的计算详见第四章第四节。

图1-2 我国1978—2017年资本产出比

2. 需求侧非均衡

需求侧是指国民经济核算体系中的三大需求——消费、投资和净出口，三者

---

❶ 江三良，李攀．资本产出比、技术进步率与经济增长［J］．经济与管理评论，2016，32（4）：14-19.

构成了国内生产总值。“需求”是国民经济的一个重要组成部分，需求学派认为经济增长应当伴随着有效需求的增加。古典经济学认为，消费与投资的关系是相互对立的，要想增加投资，必须增加储蓄，而增加储蓄的同时势必会减少消费。如果长期保持很高的投资率，会使最终消费率连续下降，造成需求侧失衡，对国民经济有很大危害。如表 1-2 所示，在需求结构上，我国消费率下降，从 1994—2017 年 61.0% 下降到 52.1%，投资率持续上升，从 36.4% 增长到 45.1%，净出口率从 2.6% 增长到 5.2%，之后下降到 2.8%。可见，投资过大而消费率低是中国经济近年来最显著的失衡现象。需求侧的失衡会给经济增长带来潜在风险，一方面，存在结构失衡的矛盾，消费长期落后于投资会使高投资形成的高增长难以持续，结构失衡最终造成经济跌落；另一方面，过剩的投资会使投资的边际产出下降，根据“凯恩斯陷阱”，经济会陷入新一轮萧条，造成恶性循环，导致经济大起大落。

表 1-2 我国需求侧结构实际表现

单位：%

变量	1994—2001 年	2002—2008 年	2009—2017 年
消费率	61.0	54.6	52.1
投资率	36.4	40.1	45.1
净出口率	2.6	5.2	2.8

注：数据来源于国家统计局。

3. 环境与能源的非均衡

传统的经济发展理论认为，经济发展要从环境中获取资源，经济活动必然也会产生相应的环境成本，也要承担相应的环境代价。因此，自然环境与劳动力、资本等投入要素一样，可以视为一种经济发展所必需的稀缺资源。资源与环境是一组包含与被包含且在一定程度上相互联系的概念。环境包括资源，环境与资源共同构成经济生产条件，同时由于资源的稀缺性，也会在一定的程度上制约经济增长的效率。我国的资源现状总体概括起来为总量较多，人均占有量过少。同时，我国自然环境脆弱，人口众多，生态环境极易被破坏。环境和能源是经济发展必要的承载体，是生产力的物质内容和基础，良好的环境和充足的资源可以为经济发展提供平稳良好的条件，同时经济发展反作用于环境和能源，经济活动中会消耗能源影响环境，因此，理想状态是经济发展的同时也注重环境保护和能源节约，实现经济发展和能源环境的长期均衡状态，使自然与人类社会达到恰当的平衡状态。

如图 1–3 所示，我国 2001 年以来能源消费总量节节攀升，能源消费同比增速在 2004 年达到峰值（16.8%），随后下降，并持续波动。2017 年中国能源消费量同比增长了 3.2%，BP 发布的《世界能源统计年鉴（2018 年）》显示，这一增速高于全球 2017 年能源消费平均增长率（2.2%），并已连续 17 年居世界能源增量之首。工业化发展中，各种矿产资源被过度利用，诸多非再生资源，如煤炭，已面临即将枯竭的局面。全球石油消费量的增长中，中国是最大的增长来源。2017 年中国 GDP 占世界经济比重为 15%（数据来自《2017 年国民经济和社会发展统计公报》），而我国能源消费量却占全世界的 23.2%，可见，尽管我国经济增长保持了强劲的发展，但能源消耗方式却仍然粗放，与经济增长不均衡是事实。

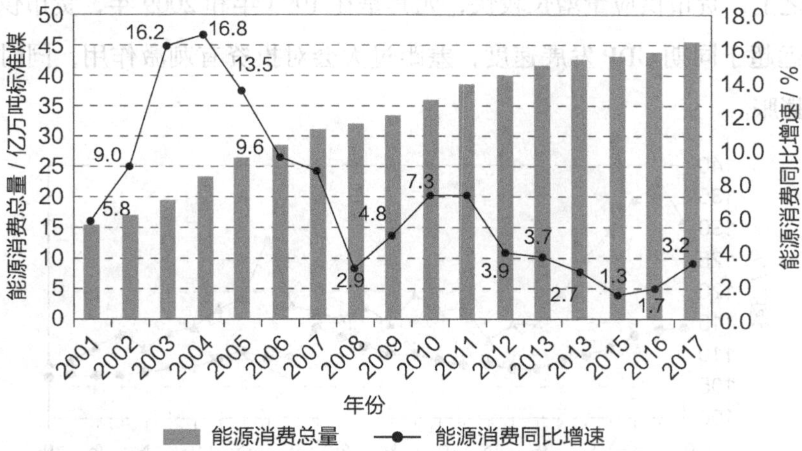

能源消费同比增速 =［（当期能源消费增加量 – 前一期能源消费增加量）/ 当期能源消费总量］×100%。

图 1–3 我国 2001—2017 年能源消费总量及同比增速

注：数据来源于国家统计局。

4．货币信贷失衡

金融方面也存在失衡状况，包括货币供应量、金融机构存贷款、股票价格和房地产价格等方面的失衡。经济生活中的各环节活动都与货币有关：生产环节，生产产品需要资本、土地和原材料，这些都需要用货币购买或者从金融机构贷款购买；

居民的收入也是通过货币实现，其中很大一部分收入要以储蓄形式进入金融市场调节资金余缺，同时，购买生活用品也需要货币和金融工具。在现代社会，金融和货币与人们的经济生活息息相关。因此，货币供应和金融机构贷款必须与经济体系的各个环节保持均衡关系，一旦失衡，会极大影响虚拟经济和实体经济的有序运行。

我国目前货币信贷失衡主要表现在三个方面。

第一，金融机构贷款投放比例不均衡，过多的资金流入股市和房地产市场，导致房地产价格为主的资产价格快速上涨。不均衡的金融贷款投放比例会阻碍房地产市场的平稳健康发展，国民经济其他产业无法得到足够资金支持，经济发展出现资源错配。

第二，图 1–4 中，我国货币供应量（M2）发展速度曲线始终在 GDP 发展速度曲线之上，货币供应量增长较快，尤其是在 1993 年和 2009 年，货币供应量发展速度远超于同期 GDP 发展速度，差距过大会对投资有刺激作用，同时也易加速通货膨胀。

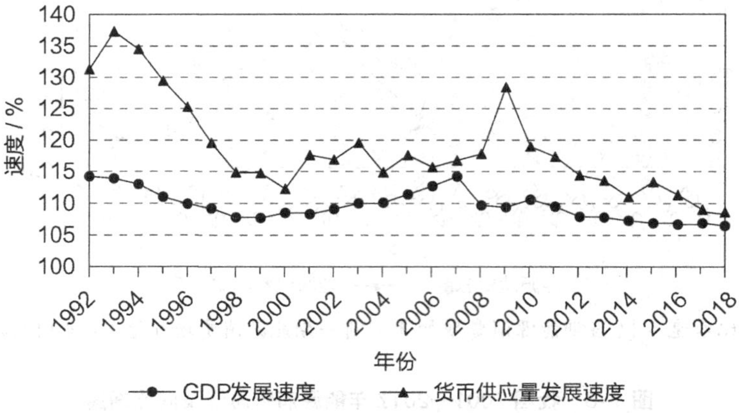

货币供应量发展速度 =（当期货币供应量 / 前一期货币供应量）×100%；GDP 发展速度 =（当期国内生产值 / 前一期国内生产总值）×100%。

图 1–4　我国 1992—2018 年货币供应量发展速度与 GDP 发展速度

注：数据来源于国家统计局。

第三，银行类金融机构贷款增长较慢，存贷款差不断扩大（如图 1–5 和图 1–6 所示）。一个健康运行的金融机构体系，应该保持稳定、合理的存贷款比例。1994 年以来，我国存款始终高于贷款（如图 1–5 所示），且前者增速高于后者使存贷款差距不断拉大。银行过多的资金积累如果找不到合适的投资渠道，就无法流动，无法有效发挥金融机构的金融功能和盈利能力，从而减弱对经济的支撑力度。

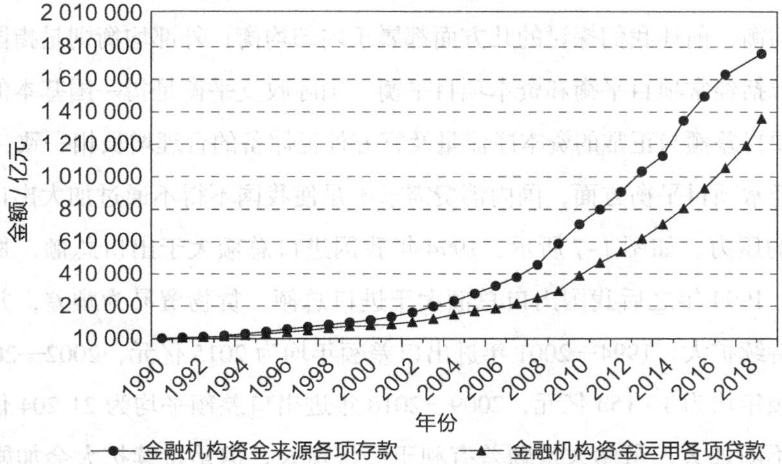

图 1–5 我国 1990—2018 年金融机构各项存款与贷款

注：数据来源于国家统计局。

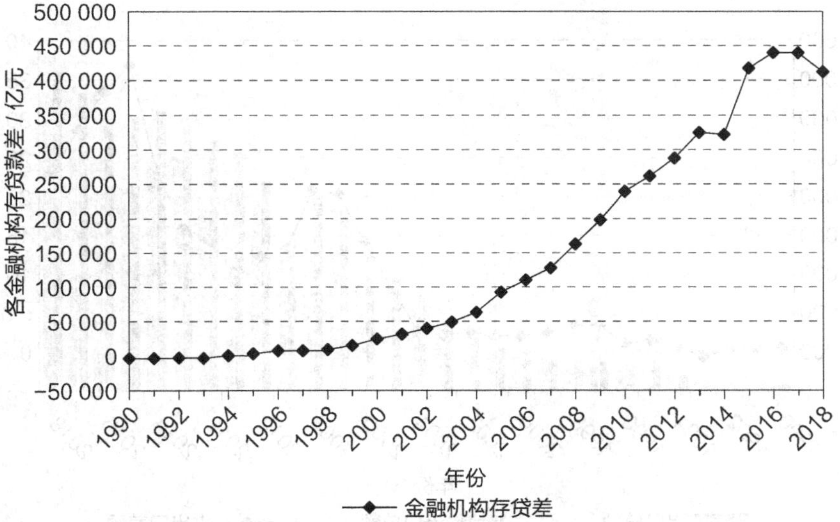

金融机构存贷差＝金融机构资金来源存款—金融机构资金运用各项贷款。

图 1–6 我国 1990—2018 年金融机构存贷差

注：数据来源于国家统计局。

5. 国际收支的非均衡

经济均衡既包括内部均衡，也包括外部均衡。内部均衡是指产品市场和货币市场的均衡，前述我们探讨的几方面都属于内部均衡；外部均衡则是指国际收支平衡，包括经常项目平衡和资本项目平衡。国际收支平衡是指一国基本的国际收支经常项目差额与正常的资本净流量及官方外汇储备的合理增长相一致。

在经常项目平衡方面，国内消费需求不足使我国不得不通过加大出口化解产能过剩的压力。如图 1–7 所示，1994 年我国进口总额大于出口总额，货物贸易为逆差，1994 年之后我国出口总额大于进口总额，货物贸易为顺差，并且进出口差额持续扩大，1994—2001 年进出口差额年均为 2015 亿元，2002—2008 年进出口差额年均为 10 153 亿元，2009—2018 年进出口差额平均为 21 204 亿元。贸易顺差不断加大，虽然大量顺差有利于经济增长，但是持续扩大会加剧贸易摩擦、增加外汇储备且加深人民币升值压力，从微观角度看，进口总额小不利于企业技术创新和产业结构的优化。

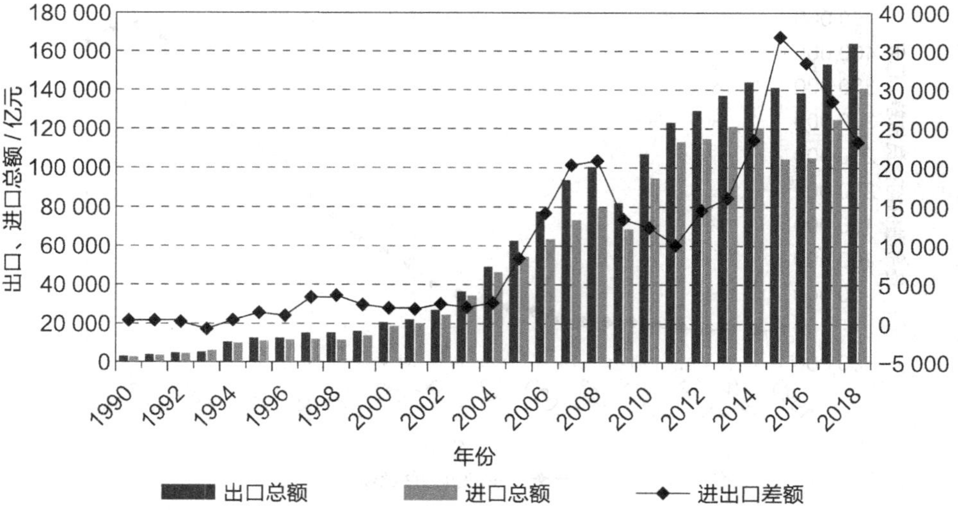

图 1–7　我国 1990—2018 年进出口规模和差额

注：数据来源于国家统计局。

外汇储备失衡是国际收支失衡的一个重要表现。外汇储备规模经常作为对外经济活动的一个综合反映。外汇储备的规模大小是否适度，对宏观经济运行有重要影响。外汇储备规模过大或者过小，都会对经济运行有着负面影响，导致出现“非均衡”状态。美国经济学家特里芬于1960年提出“储备—进口比例法”来衡量外汇储备的规模，这个比例等于一国的外汇储备与其贸易进口额之比。特里芬认为，一国这个比例以40%为标准，以20%为最低限，过高的比例会造成外汇储备大量资源闲置而带来经济损失。我国从1994年开始，储备进口比例就超过40%，并且持续增大，最高曾在2009年达到238%（如图1-8所示）。

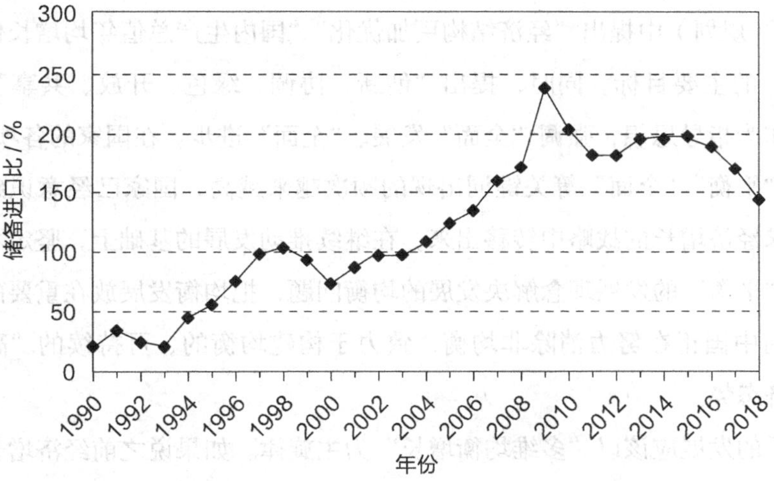

储备进口比例＝（外汇储备／进出口总额）×100%。

图1-8　我国1990—2018年储备进口比例

注：数据来源于国家统计局。

近两年美联储加息等一系列频繁举动和中美贸易摩擦的加剧都对我国贸易有直接影响。中国为了稳定汇率于2014—2015年用掉了近8000亿美元外汇储备，这是个惊人数字。这个损耗一定程度上代表了国民收入分配的不均等和国民财富的损失。[1] 艾肯格林（Einchengreen）对中国的历史数据进行分析，认为外汇储备的年均机会成本高达840亿，过多的外汇储备会有巨大的机会成本。[2] 中国过大的外汇储备规模与经济增长的不协调使其具有不可预测的减值风险。

---

[1] 余永定，肖立晟．论人民币汇率形成机制改革的推进方向［J］．国际金融研究，2016（11）：3-13.

[2] EINCHENGREEN B. The real exchange rate and economic growth［R］. working paper of the Commission on Growth and Development，2008（4）：256-312.

三、多维均衡增长应该成为经济发展主旋律

中国经济在实现快速发展后进入新常态，社会主要矛盾发生了历史性变化，经济的失衡关系由单向度向着多维度的方向演化。从当前中国实际看，消除经济结构扭曲、实现整体均衡发展是比保持高速发展更重要且艰难的任务。中国经济稳定增长与多维均衡是当前及以后一段时间亟待解决的重要问题。

《中华人民共和国国民经济和社会发展第十四个五年规划纲要》(以下简称“十四五”规划）中提出“经济结构更加优化”“国内生产总值年均增长保持在合理区间”的主要目标。同时，提出“创新、协调、绿色、开放、共享”的新发展理念作为指导思想，强调“全面”发展、“全面”进步。在国家的各项报告中，“协调”“平衡”“全面”等关键词出现的频次越来越高，国家已经意识到应该从重点追求经济增长的战略中转移出来，在继续推动发展的基础上，坚定不移地以“全面”“平衡”的发展理念解决发展的均衡问题，把均衡发展放在重要的中心位置。当前中国正在努力消除非均衡，致力于构建均衡的、可持续的“高质量发展”经济态势。

今后的发展应该以“多维均衡增长”为主旋律。如果说之前经济增长是“在发展中解决问题”，那么今后我们应该“在解决问题后求发展”。解决过去经济高速增长积累的一系列失衡问题，才能在均衡道路上持续稳定地增长。

经济多维均衡需要及时地统计监测，这不仅需要知道经济系统存在的问题，也需要进一步客观了解其严重程度，了解系统中哪个方面出现了失衡，以便进行调控。人们往往习惯于单一问题的分析，而忽略问题之间的关联性，这实际上就是没有从经济多维均衡角度考虑问题。宏观经济系统是一个大而复杂的运动系统，这个系统各个部分都可能出现失衡，多数情况下市场能够加以调节，使自身达到均衡，但是也可能调节结果与人们的期望相悖。在现代经济理论中，宏观经济的运行仅依靠市场自发调节是无法轻易达到均衡状态的，需要政府加以一定程度的干预，这就需要随时统计监控和宏观调控。

本书提出“经济增长的多维均衡”概念，不仅是对均衡增长的追求，也是对经济增长中的均衡关系的追求。在当前多维失衡的背景下，只立足于单个方面的

失衡问题已经不能应对新形势下经济发展的要求，以整体视角将多方面均衡关系同时作为经济发展的对象，以多维均衡的测度识别经济非均衡发展状态，对未来发展进行预测和监管，才是目前经济增长的首要方向和制药良方。

本书关注宏观经济增长的多维均衡的解构与非均衡发展的测度，运用大型计量模型、目标规划模型和指数体系三者结合，基于中国实践选择合适的方法，模拟中国经济增长多维均衡系统并在此基础上测度中国的均衡和非均衡发展程度，有助于均衡发展理论和测度方法创新，从而监测和预警经济发展中的失衡风险，对强化宏观经济管理、提高政府管理效率有重要的现实意义。

第三节 经济多维均衡增长的研究思路与方法

本书在经济增长的多维均衡的发展目标下，解决了以下几个主要问题：在各种生产要素的均衡制约下，中国经济增长率应该是多少？在潜在的经济增长目标下，经济系统内各变量应该如何均衡和协调？在过去的发展中，经济均衡程度如何？经济增长中的多维均衡应该如何测度？

以上的这些问题最重要的落脚点在于测度经济系统的多维均衡程度，经济各方面是过快过高还是过慢过低，本书用一套多维均衡指数来量化。指数设计遵循偏离合理均衡值的思想，即合理均衡值可以是长期均衡的趋势值，可以是规划值、目标值，实际值如果偏离这个合理均衡值就会失衡。

合理均衡值不仅是各经济变量的合理值，还要求这个合理值建立在各经济变量间的长期均衡关系上，这才是满足一个经济系统的多维均衡指数。本书就此构建了“中国经济增长多维均衡模型”系统，寻求这个“合理均衡值”，系统中包含两个子模型。第一个子模型是“中国经济增长多维均衡关系模型”，目标是估计中国经济系统中各变量的长期均衡关系，估计结果称为“多维均衡系数”。第二个子模型是“中国经济增长多维均衡规划模型”，目标是计算多维均衡关系约束下不同经济均衡增长水平的各变量的均衡值，计算结果称为“多维均衡值”。两个模型得到各变量的“合理均衡值”，从而可以以合理均衡值为参照标准测算多维均衡指数来描述经济实际水平与均衡水平的偏离程度，对经济非均衡发展进行量化分析。

本书的具体研究思路如下。

第一，针对中国现实，提出“经济增长的多维均衡”概念。当前中国经济的关键性挑战是经济均衡问题，追求“经济增长的多维均衡”应当成为现阶段经济发展的目标，即不仅考虑资源最优配置下的经济增长，更要考虑经济增长下各变量各因素之间的和谐均衡关系。构建“经济增长的多维均衡”概念框架，明晰均衡系统的性质和构成，是测度我国经济均衡与非均衡发展的理论基础。

第二，构建契合于中国国情和发展方向的“中国经济增长多维均衡关系模型”，估计经济系统中的多维均衡关系。根据基本假设①，本书认为经济系统具有均衡性，长期会在均衡水平上下波动，从而变量的长期趋势序列之间的关系也具有均衡性，利用各变量的长期趋势序列作为稳态变量值就可以模拟出一套经济均衡系统。中国经济增长多维均衡关系模型，突破了现有经济增长理论和模型仅仅考虑直接要素和商品市场均衡的框架，依据中国宏观经济运行现实有针对性地选择了 25 个经济指标，形成模型系统的变量体系，并建立 18 个结构方程，形成相互关联的方程组。以变量趋势序列估计出的模型系数作为均衡状态下的变量间“多维均衡系数”。

第三，将“多维均衡关系模型”纳入目标规划模型，作为约束条件使用，建立“中国经济增长多维均衡规划模型”，计算潜在经济增长率目标下的变量均衡值。在均衡增长中，变量间的多维均衡关系是不变的。因此，选择目标规划模型方法，以中国经济增长多维均衡关系模型结果为约束，得到在满足经济均衡增长目标下的各变量均衡值。至此，“中国经济增长多维均衡模型”构建完成，该模型系统具有以下特征：关系是稳态的，不受随机波动的影响，给定一个冲击，可以估算其余变量相应的均衡值，如给定一个潜在经济增长率，就可以得到其他所有变量在相应增长率下的均衡值，即“多维均衡值”。

第四，构建“中国经济增长多维均衡指数”，将变量“多维均衡值”作为标准参照值与实际值对比，形成一套完整的经济均衡测度量化分析体系。各年有不同的潜在经济增长率，在均衡关系不变的均衡系统中，会有不同的一套变量目标均衡值——“多维均衡值”来自规划模型的目标规划解。每年的实际水平会相对于“多维均衡值”有或多或少的偏离，为了描述经济系统各年的非均衡程度，需要构造一套指数。“中国经济增长多维均衡指数”是描述经济现实与经济均衡水平的偏离程度的综合指数，是分年度测算的，由 9 大经济模块、18 个内生经济变量构成。总项指数是一级指标，再分项引入二级指标（模块指数），进一步分项为三级指数（变量指数），这样逐层分项的设计，既可以从横向上反映经济各模块的不同均衡状况，也可以从纵向上反映经济均衡和非均衡发展演变路线，并且可以从总项到分项弄清楚非均衡运行的内在逻辑和形成机理。

本书的研究思路如图 1–9 所示。

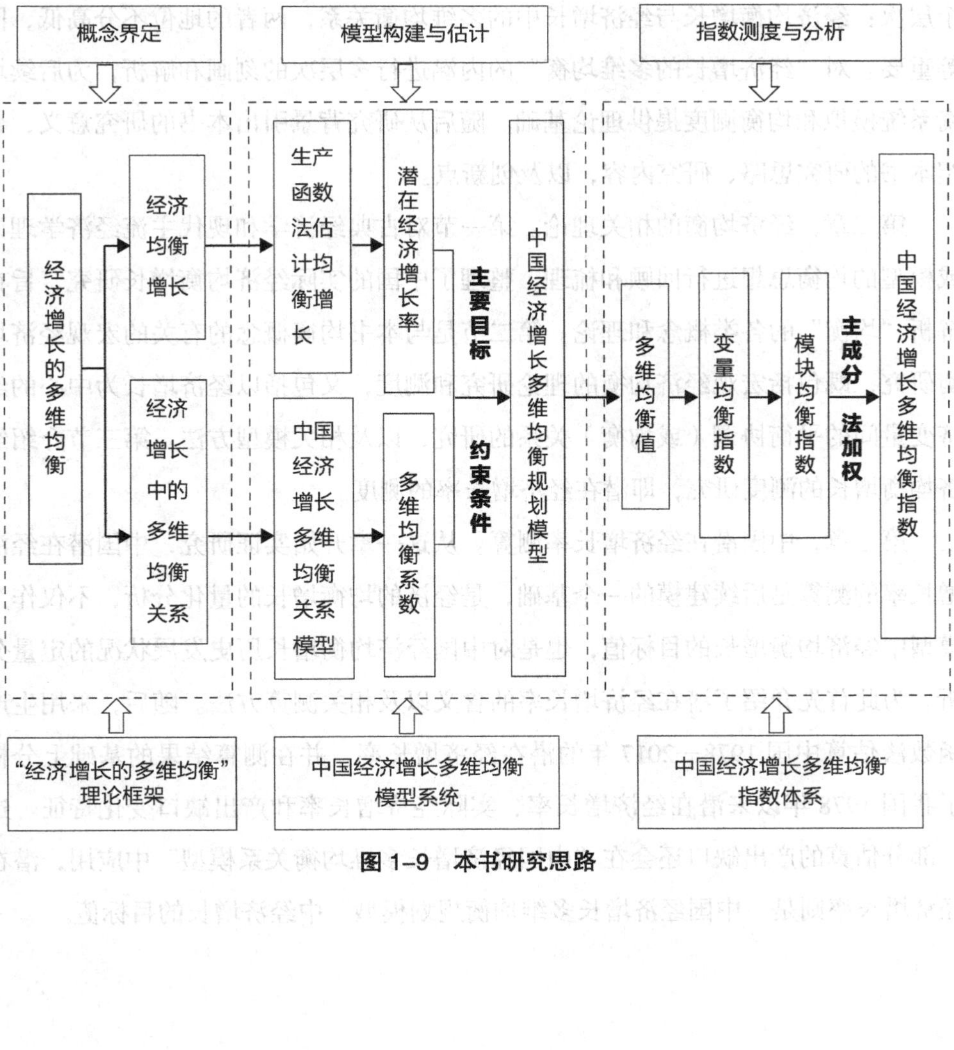

图 1–9 本书研究思路

第四节 经济多维均衡增长的研究内容与创新点

一、研究内容介绍

围绕着“经济增长的多维均衡”的主题和上述研究思路，本书的主要研究内容如下。

第一章，引言。第一节在探讨经济均衡各类概念的基础上，基于中国当前的国情和国家战略重点，提出“经济增长的多维均衡”的主张，并划分其内涵为两个层次：经济均衡增长与经济增长中的多维均衡关系，两者的地位不分高低，同等重要。对“经济增长的多维均衡”的内涵进行多层次的刻画和解析，为后续均衡系统模拟和均衡测度提供理论基础。随后从研究背景引出本书的研究意义，介绍本书的研究思路、研究内容，以及创新点。

第二章，经济均衡的相关理论。第一节对古典经济学和现代主流经济学理论或模型的均衡思想进行回顾和梳理，整理了中国的实际经济均衡增长研究，旨在解析“均衡”的各类概念和理论。第二节是与本书均衡概念的有关的宏观经济均衡研究，既包括宏观经济均衡的理论研究和测度，又包括以经济增长为中心的经济变量间的平衡协调（或均衡）关系的研究，以及相关模型方法。第三节介绍经济均衡增长的测度研究，即潜在经济增长率的测度。

第三章，中国潜在经济增长率测算。从这一章开始实证研究，中国潜在经济增长率的测算是后续建模的一个基础，是经济的均衡增长的量化分析，不仅作为模型中经济均衡增长的目标值，也是对中国经济均衡增长历史发展状况的定量分析。为此首先介绍了潜在经济增长率的含义以及相关测算方法。随后，采用生产函数法估算中国 1978—2017 年的潜在经济增长率，并在测算结果的基础上分析了我国 1978 年以来潜在经济增长率、实际经济增长率和产出缺口变化特征。这一部分估算的产出缺口还会在“中国经济增长多维均衡关系模型”中应用，潜在经济增长率则是“中国经济增长多维均衡规划模型”中经济增长的目标值。

第四章，中国经济增长多维均衡关系模型构建与参数估计。“中国经济增长多维均衡关系模型”是“中国经济增长多维均衡模型”的第一部分，这套模型是为了模拟中国宏观经济变量间的长期稳态关系，利用我国 1993—2017 年的宏观经济数据，基于实证经验，构建了一套契合于中国国情和发展重心的联立方程模型，设计了 18 个结构方程。这一章首先说明了计量模型的设计思想和原则，然后选取变量并构建模型，在此之后，说明模型中的变量数据来源和各变量趋势值计算过程，然后将各变量趋势值代入模型估计得到模型的系数结果，即“多维均衡系数”。之后，选择单个结构方程检验和总体模型检验对模型进行检验。

第五章，中国潜在经济增长率目标下的多维均衡值计算。“中国经济增长多维均衡规划模型”是“中国经济增长多维均衡模型”的第二部分。这套模型采用目标规划方法，以潜在经济增长率为主要目标，以第四章的计量模型结果为约束条件，求解得到在各年潜在经济增长率水平下各经济变量的均衡值，即“多维均衡值”。这套“多维均衡值”作为之后均衡指数构造的标准参照值。

第六章，中国经济增长多维均衡指数测算与分析。用实际值和多维均衡值计算了各变量的均衡指数和各模块的均衡指数，设计了中国经济增长多维均衡指数的三级指标体系，旨在对经济非均衡发展进行测度和分析。第一层是 18 个经济内生变量的均衡指数；第二层是 9 大经济模块的均衡指数，由各变量均衡指数构成，其中为了统一化数量级，进行中心化处理；第三层是中国经济增长多维均衡指数，由 9 大经济模块均衡指数加权合成，权重的获取来自主成分分析法。最后根据均衡指数测算结果分析了 1994—2017 年中国经济增长均衡程度。

第七章，结论与建议。对全书进行概括和总结，在第三、第四、第五、第六章研究结果基础上形成了若干研究结论，指出中国经济增长各方面的均衡程度和失衡问题，并结合实际情况并提出相应建议。

二、本书的创新点

第一，构建了一套契合中国国情和发展方向的经济增长多维均衡关系模型，提取经济增长特征事实，通过变量长期趋势序列构造计量模型模拟经济均衡关系，做到实证和规范的统一。

这套模型包含9大经济模块、18个结构方程，涵盖了25个变量。本书建立的中国经济增长多维均衡关系模型创新点有：首先，经济增长方程是以供给为导向的方程，符合中国经济新常态的特点和供给侧结构性改革的要求；其次，传统的联立方程模型使用实际数据建模，力求得到最符合现实经济运行的模型系统，而经济增长多维均衡关系模型的目的是模拟均衡的经济运行系统，核心思想是将变量的趋势值作为长期稳定序列构造模型，从而所获得的解是基于经济变量间多维关系的均衡解。另外，传统联立方程系统没有将其更进一步与规划模型结合，而本书建立多维均衡模型后将两者结合，可以进行更多的研究工作。

第二，在经济增长的多维均衡概念框架下，以经济计量模型与目标规划模型相结合，以多维均衡关系估计和多维均衡值规划求解相结合，以经济学经典理论与统计学方法相结合，设计了一套经济增长多维均衡模型系统，做到理论建构与方法创新的统一。

本书建立了中国经济增长多维均衡关系模型和中国经济增长多维均衡规划模型，共同构成中国经济增长多维均衡模型系统。计量模型与目标规划模型方法的结合可以解决计量模型系统做多种约束的困难，同时增加所需的约束条件。利用这套模型，在给定经济增长目标值之后，可以很方便地测算出其他主要变量的均衡值。将这套均衡值与实际值对比，就可以测算出宏观经济体系中主要变量与经济增长的非均衡程度。

第三，构造了一套中国经济增长多维均衡指数，借助于两个模型结果的指数测算有助于在经济增长多维均衡理论框架下形成完整的均衡测度指标体系，可以深入解析中国经济非均衡发展的内在机制，以便监测和预警经济增长中的失衡风险。

本书在中国经济增长多维均衡模型实证测度基础上，构建了中国1994—2017年的多维均衡指数，将其用于中国经济多维均衡的实证测算和评估。已有文献对经济均衡状态的分析大多是理论探讨或者描述统计分析，用实际数据和模型估计构造指数来测度中国经济运行均衡程度的很少见到。中国经济增长多维均衡指数是描述经济系统多维均衡程度的综合指数，而以往的均衡指数大多描述区域均衡。该指数不仅在内涵上具有创新性，而且在构造方法上也具有创新性。

第二章　经济均衡的相关理论

与经济增长的多维均衡相关的理论可以从三个角度回顾：经济思想史中的均衡思想，宏观经济均衡及均衡关系，以及经济均衡增长的测度研究。本章第一节先梳理和回顾各经典经济理论中的经济均衡思想，再整理学者对中国实际均衡增长的研究。第二节从宏观均衡和经济变量间的均衡关系两方面介绍经济增长均衡关系的研究文献和相关的模型方法。第三节叙述了经济均衡增长的实证测度研究。第四节对文献进行概括性评述。

第一节　经济思想史中的均衡思想

若想深入挖掘“均衡思想”在经济学中的内涵，那就必须研究经济思想史。整个经济思想史是经济思想的“基因库”，“均衡”就是一个思想“基因”，它可能在某些时期未能取得主流地位，但是始终贯穿经济思想的发展历史。在经济思想史中观察“均衡思想”的线索，可以了解在历史上面临一些社会问题时经济学家提出或产生了哪些和均衡有关的经济思想观点和创造性思想产品，这对我们研究当前社会新问题有重要启迪意义。例如，马歇尔的供求均衡价格论在17世纪的洛克和19世纪的马尔萨斯、萨伊那里就已经有了萌芽，凯恩斯的宏观均衡思想也早在19世纪末的威克塞尔那里草创。新知识的研究永远需要通过重温历史来寻求。

一、古典经济学中的均衡思想

16世纪前是前古典经济学时期，16世纪至19世纪中叶是古典经济学时期，这一时期社会的需求主要是富国裕民、增加国民财富，经济学的主题是发展论。

1. 前古典经济学时期

这一时期经济学虽然还没有出现“均衡”的概念，但是已经具有“均衡”的思想。这个阶段的经济思想主要有重商主义、重农主义。重商主义者和重农主义者为经济理论做出了开创性贡献。在重商主义之前，经济思想的关注在于个人和家庭，重商主义和重农主义的经济学家开始研究经济体的复杂运行和内在规律，他们是第一批经济理论模型的构建者，尽管是抽象的模型，仍可以将重商主义和重农主义看作经济理论和经济增长理论的开拓者。

重商主义的思想是指1500—1750年的经济文献、思想和实践，主要由英国和法国商人提出。其目的在于增加国民财富推动国家权力。他们认为，增加生产和出口及降低国内消费可以增加国家财富，看重贸易顺差的作用。重商主义认为经济不会实现潜在产量，即无法实现均衡增长，个人储蓄增加和进口增加会阻碍经济均衡增长的实现。他们还认为，货币因素是经济增长的首要决定因素，会影响实际经济活动。英国经济学家约翰·洛克在他1691年出版的《论降低利息和提高货币价值的后果》中，指出商品的市场价格由商品的数量和销路共同决定，而销路又取决于商品的效用，可以看出已经初具均衡价格论的萌芽。

同期的自由主义是与重商主义相对立的学派，1748—1758年发生了自由主义反重商主义大论战，参与者多为英、法、德三国的学者。自由主义学派认为国际社会中存在一种“自然”过程会使经济自然而然地保持平衡，如果平衡被打乱，也不需要任何干预就可以再次恢复平衡。自由主义的代表人物是英国学者大卫·休谟，他的两大经济思想是货币数量论和自由贸易主张。休谟坚决反对重商主义的贸易差额论，认为一国不能长期保持贸易逆差或者顺差，由于货币数量对物价的影响，国际贸易将自动趋于均衡，这很可能影响到亚当·斯密的市场自动均衡机制的思想。

重农主义1750年从法国兴起，这一场运动虽然只持续了30年，但是由于重农主义的经济学家为分析经济体提供了重要的思想见解，对后来的经济理论发展有深远影响，所以也被看作代表性流派。其代表人物是弗朗索瓦·魁奈，魁奈的《经济表》是重农主义的最高理论成就，其中的很多见解和成果对经济学发展有突出贡献。亚当·斯密的很多经济思想就是受到魁奈的启发，如“自然法则”，即政府实施自由放任的经济政策，这一观点影响到后来包括亚当·斯密的众多古典经济学家。重农主义者并不关注货币，而将注意力转移到实际的经济活动上，提出国民财富起源于农业或自然。在重农主义者看来，农业在支付各种生产要素后还有剩余收成，这种剩余被他们称为净产品，并认为净产品来源于土地，地租是对社会净产品的度量，他们坚信只有农业能产生多于投入的剩余净产品来增加财富，而其他产业如制造业工业等不产生剩余和利润。法国古典经济学创始人皮埃尔·布阿吉尔贝尔是重农思想的支持者，他认为保持国民经济各部门之间的比例和均衡发展是促进社会富裕的条件，主张用自由放任的经济政策来发展农业，促进经济增长。布阿吉尔贝尔是第一个提出社会经济按比例均衡发展的古典经济学家。

2. 古典经济学时期

古典经济学时期，是以亚当·斯密、大卫李嘉图、约翰斯图亚特穆勒和马尔萨斯等经济学家为代表的时代，这一时期的主流是自由主义思潮，从 1776 年到 19 世纪 70 年代，涵盖了 100 多年的经济思想。经济增长理论的框架初步形成，这个阶段是纯理论研究，而没有数理模型。

古典经济学家在本质上以宏观经济学为向导，他们对经济增长的关注是古典学派的主要特征之一。1776 年，亚当·斯密的《国富论》的出现标志着古典经济学时期的开始。虽然亚当·斯密最大的贡献在于对竞争性市场运作的清晰认识，但是社会的长期经济增长率与国民财富的决定力量，也是亚当·斯密主要关心的问题。他在《国富论》中强调了资本积累在一国财富生产中的重要作用，认为资本积累占总产量的比例越大，经济增长率就越大。在国民财富的认识上，亚当·斯密严厉驳斥了重商主义将金银贵金属等同于一国财富的主张，他认为财富是产品与服务的年流量，这一观点是现代 GDP 概念的雏形。斯密还建议，国家财富应该用人均指标来衡量，尤其是在比较两个国家的富裕程度时，他的这一观点被继承至今。

事实上，斯密虽然没有提及过“均衡”这一概念，但是他的理论中引入了均衡分析。美国当代经济学家默里·米尔盖特评价斯密理论的这一特点是古典经济学区别于前古典经济学理论的一个标志，也让经济学真正进入“科学时代”。斯密在宏观政策上主张自由放任的经济政策，认为每个个体都是利己的理性的，他断定经济体在没有政府干预下会实现资源最佳配置，从而实现最大的经济增长率，即“均衡”状态。这种“自然趋近”思想表示经济总会向“均衡”状态回归。

不同于斯密对宏观经济学的关注，大卫·李嘉图更致力于微观经济学的研究，主导了当时的主流经济学思潮，并从李嘉图时期一直持续到20世纪30年代的大萧条时期。

在微观经济学上，李嘉图有很多成就，如他强调劳动量对商品价值的决定作用，在劳动价值理论上进行彻底的考察，解决了亚当·斯密价值理论中的很多未解决的矛盾；李嘉图主张经济学的目的是确定收入分配的法则，分配对象是资本家、地主和劳动者；李嘉图提出了著名的地租理论，认为地租不是价格决定因素，根据收益递减原理推断地租上升从而利润下降，指出地主行为对经济发展的危害，动摇了地主的地位，而肯定了资本家的作用，认为资本家是经济运行中最重要的参与者和决定者。

在宏观经济增长方面，李嘉图认为消费需求总是充足的，供给能创造潜在需求，并且过量的生产总会有潜在需求对应，所以不可能普遍存在供过于求的现象，从而经济体总是处于均衡状态。李嘉图对萨伊定律持坚定的支持态度。萨伊定律是指经济体将自动实现资源的充分利用并实现较高的经济增长率。其实质是指在长期中，经济体总能够实现资源的充分利用，“自然”达到“均衡”状态。

与李嘉图同时代的英国经济学家托马斯·罗伯特·马尔萨斯在政治经济学方面和李嘉图、萨伊都有不同的见解，他在研究中更重视经验观察，重视人口问题。马尔萨斯以财富增长为目的研究经济增长理论，他继承了亚当·斯密的国富理论，以资本积累作为总供给的主要因素、以劳动人口作为总需求的主要因素，强调了总供给与总需求的均衡增长对财富增长的必要性，认为供给能力和有效需求的不平衡不利于财富增长，即资本积累和人口增长速度的不一致必然造成普遍过剩危机。

英国经济学家约翰·穆勒的经济理论体系是古典经济学的综合和终结，在西方经济史上具有承前启后的重要地位。作为自由主义的代表人物，穆勒吸收了亚当·斯密、李嘉图、马尔萨斯等人的经济理论，于1848年出版了《政治经济学原理及其在社会哲学上的若干应用》，这本著作曾在1848—1871年7次重版，是当时被奉为经济理论的圣经、政治经济学必读教科书。穆勒从动态角度预测了经济增长的长期趋势。他的核心观点是，经济增长的长期趋势是由各种不同力量相互制约来决定的，最终会导致经济增长静止状态。和其他古典经济学家不同，他认为这种静止状态是一种财富分配公平、个人自由发展的理想社会。穆勒的这一理论一定程度上接近现代主流的均衡增长思想。

在古典经济学时期，古典学派虽然未用“均衡”这一字眼，但是经济学家分析时所说的“正常状态”“自然状态”就是均衡状态。古典经济学派侧重从资本在各种产品生产之间自由流动的停止来说明市场均衡状态。

二、新古典经济中的均衡思想

以边际革命的兴起为开始，19世纪的最后30年和20世纪的前30年是新古典经济学的时代。“均衡”的概念最早应该是在新古典经济学理论中出现，新古典经济学家将古典经济学的“均衡”思想进一步深入挖掘，使其具体化、饱满化，不过，这种挖掘虽然使均衡有了数理基础，却也一定程度上掣肘了“均衡”的“一般性”，增加了束缚，这里的均衡与边际效用价值论紧紧相连，属于微观经济学。新古典经济学中的均衡理论主要包括马歇尔的“局部均衡理论”和瓦尔拉斯的“一般均衡理论”，两者都是基于边际效用价值论和供求均衡模型分析问题，认为市场上供给与需求相等时达到均衡状态，属于静态均衡。

法国经济学家瓦尔拉斯和意大利经济学家帕累托都属于近代西方经济边际效用论的一个流派——洛桑学派。其核心思想是边际效用价值论。瓦尔拉斯提出的一般均衡理论就建立在边际效用价值论的基础上。他从市场需求与供给的角度进行分析，认为供求相等时达到均衡状态。瓦尔拉斯的一般均衡理论包括交换的一般均衡模型和生产的一般均衡模型。交换的一般均衡模型中提出用货币价格来代表超额需求和超额供给的价值，根据市场参与者的效用和商品数量进行交换。瓦尔拉斯认为，市场上价格对供求平衡有自动调节机制，使商品数量满足效用，即超额需求等于超额供给，从而达到均衡。瓦尔拉斯最为人称赞的一点还在于他运用数学理论来处理一般均衡问题，为后来几代西方经济学人进一步研究市场经济奠定了基础。[1]他通过以微积分和联立方程为特征的模型，建立一般均衡模型体系来说明交换价值。熊彼特高度赞扬了瓦尔拉斯对均衡分析的不朽贡献。

作为瓦尔拉斯的继承人，帕累托进一步拓展了一般均衡的概念内涵和分析方法。在均衡的概念上，瓦尔拉斯主要分析自由竞争条件下的一般均衡，帕累托则分析了包含自由竞争在内的各种市场条件下的一般均衡。帕累托认为，一般均衡不只存在于经济，而且存在于整个社会。他把均衡看作个人需求和满足需求之间的冲突的结果，认为当生产和交换同时均衡时就实现了帕累托最优，也就是集体福利的最大化。在均衡的分析方法上，帕累托认为效用是不可测但是可比较的，因此修正了无差异曲线，用序数效用代替基数效用，这对后来西方经济学的发展起了重大推动作用。

马歇尔被认为是新古典经济学之父，他的代表著作是1890年出版的《经济学原理》，局部均衡理论是他的一大研究成果。马歇尔之所以创造局部均衡理论，是因为他认为定义经济学范围很重要，反对将经济学作为一种抽象的适用于所有时间和地点的理论，更注重经济学的实用性。他发展了一种新的经济学分析框架，将理论的、数学的、历史的分析方法相结合，认为纯理论的经济学不能解释现实经济活动中的很多复杂问题，这种分析框架使用至今，并应用在他的局部均衡理论中。马歇尔的均衡分析是以静态分析为基础，大量涉及动态成分，主要研究以下三类：一是提出短期均衡和长期均衡，比较其区别和联系；二是分析各种生产要素的变化对经济内部和外部的影响进而改变均衡状态；三是在供求均衡论基础上分析国民收入的分配。凯恩斯认为马歇尔的《经济学原理》对西方经济学作出了七大贡献，其中之一就是将“边际”和“替代”两个概念引入一般均衡理

---

[1] 张旭昆，经济思想史［M］.2版.北京：中国人民大学出版社，2017.

论，边际用来说明任一经济因素在一定条件下的均衡状态，替代则描述了旧均衡向新均衡趋向的过程。

比较来看，瓦尔拉斯一般均衡理论的核心思想是：只要市场是完全竞争的，就可以通过价格体系自动收敛于供求一致的均衡状态。马歇尔的局部均衡理论，虽然冠有“局部”一词，但实际还是“抓住了全面均衡思想”[1]，只是采用了局部均衡分析方法，假定其他条件不变，商品供求只取决于其价格变化，是比较静态的分析。这两个理论实质上都是“供求相等、市场出清”，是指市场上商品供给量与需求量相等的状态，是静态分析，是以微观个体为中心的微观经济学范畴的“均衡”。这是经济学最早定义的“均衡”，特指市场均衡。

科尔奈、巴罗等经济学家反对瓦尔拉斯的一般均衡理论，发展了非瓦尔拉斯均衡理论，提出“广义均衡”，是指经济系统中的各变量相互作用相互调整后，不再变动，经济系统处于稳定状态。[2]

在新古典经济学时期，经济学研究重点是微观的静态和比较静态的市场均衡。由于新古典经济学的均衡理论是个体概念的，对个体理性的假设很严格，这样的均衡理论实际上无法解释经济体的宏观均衡，经济增长理论在这一时期处于低潮。

事实上，19 世纪末，还有一个经济学家对均衡理论有创造性贡献，他是与马歇尔同时期的瑞典经济学家威克塞尔——瑞典学派创始人。威克塞尔的贡献，除了具有一般均衡特点的微观经济学，还有物价决定机制的宏观均衡分析的理论创造。熊彼特把威克塞尔和瓦尔拉斯、马歇尔一起并列为 1870—1914 年在纯理论方面作出最大贡献的经济学家。与瓦尔拉斯和马歇尔的自由竞争的市场均衡不同，威克塞尔在均衡价格的决定理论中主张一定程度上的人为干预，因为物价的积累变化，相对价格条件下的均衡通常是稳定的，但是一般物价水平的均衡是不稳定的，需要宏观干预使经济由失衡变成均衡。据此，威克塞尔的政策目标之一是保持宏观经济的均衡状态，消除经济波动。威克塞尔的理论是以一般均衡为框

---

[1] 哈里·兰德雷斯，大卫·柯南德尔．经济思想史［M］．周文，译．北京：人民邮电出版社，2014.

[2] 袁志刚．非瓦尔拉均衡理论及其在中国经济中的应用［M］．上海：上海人民出版社，1997.

架的经济综合体系，更加关注宏观均衡问题，如物价、货币政策、收入分配等，开辟了宏观均衡分析和宏观过程分析的新领域，与后来的凯恩斯主义的逻辑联系较强。

20 世纪初的 30 年是新古典经济向现代宏观经济过渡的时期，这一时期经济学家不仅关注边际主义，还开始重视经济波动和经济周期，关于均衡的研究也开始走向宏观。奥地利学派的四位闻名国际的经济学家在这一时期作出了瞩目的学术成就，他们分别是米塞斯、熊彼特、哈耶克和哈伯勒，主要研究货币理论、经济波动理论及国际贸易理论。哈耶克的经济波动理论是从均衡状态出发的，他认为，均衡是在一切资源充分利用、货币数量一定、社会的消费—储蓄比例一定时，用于购买消费品的货币和用于购买资本品的货币的比例，他把这个比例称作均衡比例。哈耶克的均衡是建立在充分就业基础上的，是一种结构均衡，即产品的需求比例与供给比例相等，这一内容区别于凯恩斯的总量均衡理论。由于对经济波动理论的贡献，哈耶克获得 1974 年的诺贝尔经济学奖。熊彼特理论体系中均衡的概念来自瓦尔拉斯的一般均衡理论，但是他不认可一般均衡理论的静态分析方法，提出了以一般均衡为出发点、以创新概念为中心的经济动态分析方法，认为是创新推动经济从一个均衡走向另一个均衡，形成经济的周期性波动。

三、现代主流经济学中的均衡思想

第二次世界大战以来，各国经济出现不同阶段的发展问题，国家内部和国家之间经济水平的比较使经济学家开始将焦点集中于经济增长中的均衡问题。现代经济增长理论之所以区别于古典经济理论，就是因为现代经济增长理论是建立在均衡分析框架基础上的。现代经济学更加关注经济均衡，不过这不同于新古典经济学的均衡理论。新古典经济学的均衡理论是完全的微观经济学范畴，而现代经济学的均衡理论有些是宏观经济学范畴，如凯恩斯主义的均衡理论，有些是微观和宏观的结合，如技术进步论的拉姆齐模型、新增长理论的内生增长模型，以及新兴古典主义和新凯恩斯主义。经典经济增长理论中的均衡研究，就是研究经济体要实现经济均衡增长需要具备的各因素和均衡条件。比如劳动、资本、人力资本、技术进步等，因素不同，就会有不同的均衡思想；因素组成方式不同，即生产函数形式和研究方法不同，从而有不同的增长模型和均衡条件。

1. 资本决定论

哈罗德多玛模型被看作经济增长理论的第一次革命，发生在20世纪40年代。哈罗德多玛模型是“资本决定论”的代表，资本决定论是人们对资本主义工业文明追求和崇拜的社会背景下形成的，它是经济增长理论中统治最久、影响最大的学派。资本决定论强调资本投入对经济增长的作用，假设资本—产出比不变。

英国经济学家哈罗德和美国经济学家多玛在20世纪40年代相继提出经济增长模型[1][2]，后人将其合称为哈罗德多玛增长模型（Harrod–Domar Growth Model），其在凯恩斯的储蓄—投资分析的基础上，引入长期和动态分析。他们本质上共同提出了一个问题：经济如何实现均衡稳定增长？

哈罗德多玛模型有以下假设：（1）经济系统只生产一种产品，既可以作为消费品，又可以作为投资品；（2）人口和劳动的增长率是不变的且外生；（3）净储蓄—产出比和投资—产出比固定不变；（4）不存在技术进步和资本折旧；（5）规模报酬不变。模型由三个经济变量组成，分别是经济增长率（G）、储蓄率（或投资率）（s）和资本产出比（v），基本公式为

$$G=\frac{\Delta Y}{Y}=\frac{s}{v} \tag{2-1}$$

$$v=\frac{\Delta K}{\Delta Y} \tag{2-2}$$

其中，Y是产出，ΔY是产出变动；v是资本产出比，代表每生产一单位产出需要投入的资本，表示资本的使用效率；ΔK是资本存量变动，假设不存在折旧，所以投资$i=\Delta K$。这一公式表明了哈罗德多玛模型的基本结论：在资本—产出比不变的条件下，经济均衡增长的基本条件是使经济增长率的提高达到引致投资能吸收全部储蓄的程度。这样的增长率就是均衡增长率。其中有三个方程：

---

❶ HARROD. An Essay in Dynamic Theory［J］. The Economic Journal，1939，49（193）：14–33.

❷ DOMAR. Capital Expansion，Rate of Growth，and Employment［J］. Econometrica，1946，14（2）：137–147.

$$G=\frac{\Delta K}{Y}\times\frac{\Delta Y}{\Delta K} \tag{2-3}$$

$$G_w=\frac{\Delta Y}{i}\times\frac{s}{Y} \tag{2-4}$$

$$G_n=\frac{\Delta L}{L}\times A \tag{2-5}$$

式（2-3）是实际增长率。式（2-4）是“合意的”增长率，$\frac{\Delta Y}{i}$代表厂商满意的边际投资效益，因而 G_w 就是厂商满意投资水平所决定的增长率，被称为“合意的”增长率。式（2-5）是自然增长率，L 是劳动力投入，$\frac{\Delta L}{L}$代表劳动增长率，A 是广义的技术进步因素，称为技术进步率，那么自然增长率表示能保证充分就业和技术进步的增长率。

哈罗德多玛模型给出了经济增长的均衡条件：$G=G_w=G_n$

实际增长率如果大于“合意的”增长率，则实际的资本产出比小于厂商意愿的资本产出比，投资小于储蓄，从而投资会增加，扩大生产造成通货膨胀；反之，说明存在过剩的生产能力，造成收入下降。只有实际增长率等于“合意的”增长率时，经济才会以不变的速度均衡增长。

实际增长率如果大于自然增长率，则劳动力短缺，经济增长受限；反之，劳动力过剩，发生失业现象。只有实际增长率等于自然增长率，经济才能在充分就业水平下均衡增长。

哈罗德多玛模型的经济均衡增长在储蓄率发生变化时，会偏离均衡，且无法再次回到均衡路径上。均衡情况发生的概率非常低，这种特点下，哈罗德多玛模型被称为“刀刃”增长模型。

2. 技术进步论

20 世纪 50 年代中期，以索洛—斯旺增长模型（Solow-Swan Growth Model）[1][2]为代表的研究被学者们称为“技术进步论”。索洛放宽了资本—产出比不变的假设，用价格对资本—劳动比进行调节，分析人均资本的动态变化对人均产出和均衡路径的作用。其特点是资本是可变的动态的。用总量生产函数构造经济增长模

---

[1] SWAN. Economic Growth and Capital Accumulation [J]. Economic Record，1956（32）：334-361.

[2] ROBERT M. Solow. A contribution to the Theory of Economic Growth [J] .The Quarterly Journal of Economics，1956，70（1）：65-94.

型的方法开始于索洛。

索洛的增长模型假定：（1）规模报酬不变，主要是资本和劳动的规模报酬不变；（2）劳动和技术按固定比率增长；（3）投资的边际收益率递减。

索洛和斯旺采用柯布道格拉斯生产函数，在生产函数中加入技术进步因素。增长公式为

$$\frac{\Delta Y}{Y}=A+(1-\alpha)\frac{\Delta L}{L}+\alpha\frac{\Delta K}{K} \tag{2-6}$$

其中，A 是技术进步率，$\frac{\Delta L}{L}$ 是劳动增长率，$\frac{\Delta K}{K}$ 是资本增长率，α 代表资本产生弹性，由于规模报酬不变假定，劳动产出弹性和资本产出弹性之和为 1，所以劳动产出弹性用 $1-\alpha$ 表示。

索洛的增长理论认为，在短期，技术进步、资本增长率和人口增长率可以决定经济增长率，而在长期只有技术进步才是经济增长率的决定性因素。索洛提出“平衡增长路径”，即不管起点水平是多少，经济体总是收敛于平衡增长路径，在该路径上，各总量变量实现稳定增长。索洛的“技术进步论”是对“资本决定论”的否定，否定了资本积累差异对经济增长差异的作用。索洛解决了哈罗德多玛模型难以实现的“刀刃”增长问题，他认为不管什么原因导致的经济增长率对均衡增长的偏离，市场的自发调节总会使经济增长最终实现均衡增长。

拉姆齐模型与索洛模型类似，都将劳动和知识的增长率看作外生给定。不同的是，拉姆齐模型中的动态变化是通过家庭最大化和厂商最大化的交互而实现，是微观基础决定的，因而家庭的储蓄是内生且可变的，放宽了索洛模型中储蓄率不变的假设。拉姆齐模型也有平衡增长路径，一旦其收敛到均衡点，其经济行为就与索洛模型在平衡增长路径上的状态一样。拉姆齐模型也属于“技术决定论”，因为其结论与索洛模型相同：经济的均衡增长取决于人口增长率和技术进步。

3. 凯恩斯主义

以哈罗德多玛模型为代表的资本决定论、以索洛斯旺模型为代表的技术进步论，都是在建立经济增长模型的基础上探讨均衡，并且从前面的叙述可知，从技术进步率开始，学者探讨的均衡逐渐具有微观特点。与此同时，凯恩斯主义也一直进行宏观经济均衡的探讨，凯恩斯主义更关注经济总量的均衡，是宏观的。

凯恩斯构建了新的理论结构，致力于总量经济的研究，带动了一大批经济学家对宏观经济均衡的关注。他提出的国民收入决定理论探讨了均衡国民收入与充分就业水平的决定机制。其基本命题是：社会总需求决定国民均衡收入水平，政府通过财政政策和货币政策控制总需求。如果社会总需求大于总供给，会出现通货膨胀，如果社会总需求小于总供给，就会造成失业，当总需求等于总供给时，投资等于储蓄，社会处于均衡收入水平。宏观总量的均衡就是社会总供需的均衡。凯恩斯认为均衡由总需求决定，总供给价格与总需求价格均衡时的需求被称为“有效需求”，这就是凯恩斯的“有效需求理论”，有效需求包括消费需求和投资需求，凯恩斯认为在自由放任的市场上，有效需求通常都是不足的，即市场无法自发实现充分就业均衡，主张政府干预来弥补有效需求的不足。凯恩斯强调短期均衡胜过强调长期，他提出均衡决定机制——每一时期都可以通过这个决定机制确定均衡产出和就业水平。

凯恩斯的国民收入决定理论中的“均衡”，其核心思想是经济体的总需求决定国民收入的均衡水平。凯恩斯的“均衡”常态是未达到充分就业水平的，也被称为“失业均衡”，是指货币经济具有周期性波动特点，但是既不会过度繁荣，也不会过度衰退，在这之间存在一种均衡状态，一般低于充分就业水平。这种状态一方面可以在经济各力量对抗下达到稳定状态，是均衡的，另一方面其实并未达到充分就业，从整个经济系统看是超额供给的，是非均衡的，完全不同于之前的一般均衡理论。樊纲指出，凯恩斯的“失业均衡”让人们开始从社会行为和状态的必然性来定义“均衡”，脱离了一般均衡中供需相等的桎梏[1]，开启了相当一部分经济学家对宏观经济范畴的均衡研究。

4. 新增长理论

20 世纪 80 年代中期，以罗默、卢卡斯为代表的经济学家，在完善技术进步论和人力资本论的基础上，通过对知识溢出、人力资本理论、边干边学、非完全竞争（垄断化）等问题的研究，发展了内生化的技术进步及其对经济增长促进作用的内部实现机制，形成了新增长理论。

---

[1] 樊纲．论均衡、非均衡及其可持续性问题［J］．经济研究，1991（7）：13-20.

20世纪60年代，舒尔茨在“人力资本投资”演讲中第一次提出“人力资本”的概念，他认为资本不应该只是厂房、机器、存货等有形物质，凝结在劳动者身上的知识、技能、经验及健康状况的综合价值即“人力资本”也是资本投入的一部分，是促进经济增长的重要因素。人力资本理论认为：（1）完整的资本概念应该同时包括物质资本和人力资本。人力资本体现了劳动者的数量和质量。（2）人力资本是通过对劳动力的投资而形成，其中最重要的投资是教育投资。（3）人力资本投资是经济增长的重要动力。

新增长理论颠覆了索洛的外生技术进步假定，基于人力资本理论，将技术进步内生化，认为人力资本投入可以解释内生技术进步的实现机制，重新阐述了经济增长的源泉。

新增长理论将技术进步看作将资源应用于创新活动的结果，将其内生化。罗默在1986年建立了知识溢出的内生经济增长模型，在模型中引入“知识积累”，作为经济增长的要素之一。[1]卢卡斯将人力资本的效应分为内部效应和外部效应，建立了人力资本内生化经济增长模型，证明人力资本的外部效应对经济增长具有收益递增作用。[2]罗默在1990年发表了《内生技术变化》，建立了内生经济增长模型。他引入了一个生产新知识的部门——研发部门，并将生产部门分为中间产品部门和最终产品部门，资源会在生产部门和研发部门之间分配，并刻画研发部门如何用资源生产出新知识，设计了知识生产函数，从而将技术进步内生化。

新增长理论均使用动态一般均衡方法构建模型，刻画了经济增长的内部机制，之前理论中的外生变量和参数：储蓄率、资本产出比、劳动增长率和人口增长率在新增长理论的一般均衡模型中都称为内生变量，各变量共同决定经济的均衡增长。

5. 新兴古典主义与新凯恩斯主义

20世纪70年代之后，宏观经济学不再是凯恩斯主义一家独大，新兴古典主

---

[1] PAUL R. Increase Returns and Long-Run Growth [J]. Journal of Political Economy, 1986, 94(5): 1002–1037.

[2] ROBERT L. On the Mechanics of Economic Development [J]. Journal of Monetary Economics, 1988(22): 3–42.

义的兴起和凯恩斯主义并行发展为宏观经济学的主流。凯恩斯主义随后增加了新的理论发展为新凯恩斯主义。新古典主义与新凯恩斯主义都是具有微观基础的宏观经济理论，两个学派对均衡的研究都是属于“一般均衡”范畴，不同于凯恩斯主义的宏观均衡。动态随机一般均衡模型（DSGE）正是新古典主义和新凯恩斯主义这两大理论流派的最新研究成果，分别是实际商业周期模型和新凯恩斯主义DSGE 模型。

实际商业周期模型是新兴古典主义的DSGE 模型。它是最早的DSGE 模型，1982 年基德兰德（Kydland）和普雷斯科（Prescott）[1]提出，被称为“实际商业周期模型”（Real Business Cycle，RBC），是在微观基础上建立宏观模型，旨在求稳态值和近似估计冲击下的稳态附近的动态波动。RBC 模型的基本假设是：（1）跨期最优选择与一般均衡；（2）理性预期；（3）市场完全竞争与市场出清。第三个市场完全竞争的假设充分体现 RBC 的“新古典性格”。

新凯恩斯主义是在 20 世纪 90 年代出现，当时各国中央银行对经济积极干预，大量关于货币政策有效性的实证研究促进了新凯恩斯主义 DSGE 模型的诞生。由于它加入了名义价格刚性的设定，使模型中短期货币政策非中性——这是新凯恩斯主义的政策主张[2]，因而新凯恩斯主义 DSGE 模型主要应用于中央银行货币政策效应的模拟。模型的基本假设是：（1）跨期最优选择与一般均衡；（2）理性预期；（3）不完全竞争；（4）价格黏性。

通过两类模型的假设条件可以看出，无论哪个学派都具有“一般均衡”基础，并且这里的“均衡”是描述供给量与需求量相等的状态。在新古典主义思想中，由于市场的完全竞争，“均衡”的实现依靠价格调整，价格可以完全调整，市场供给与需求随时出清，体现为需求曲线与供给曲线的交叉，即“市场出清”状态，因而新古典主义的“均衡”属于“瓦尔拉斯均衡”。新凯恩斯主义认为，市场存在垄断，价格由卖方基于利润最大化原则而决定，此时“均衡”靠配给条

---

[1] KYDLAND F E，Prescott E C．Time to Build and Aggregate Fluctuations［J］. Econometrica，1982，50（6）：1345-1370.

[2] 方福前，王晴．动态随机一般均衡模型：文献研究与未来展望［J］．经济理论与经济管理，2012（11）：32-48.

件，属于“非瓦尔拉斯均衡”[1]。两个学派的“均衡”共同点是要求所有市场都处于均衡状态。加入“动态”，表明经济的“均衡”不是一个点，而是一条路径。

第二节 宏观经济均衡的相关研究

宏观经济均衡的研究是基于实证经验的分析，相关文献大致可以分为四类，一是宏观经济均衡的概念界定与测度，二是宏观经济变量之间的均衡关系，三是中国经济均衡增长路径研究，四是经济均衡研究的相关模型。

一、宏观经济均衡的概念界定与测度

经济增长的宏观均衡思想主要指在经济体的宏观运行上的协调平衡状态，与其对应的概念是“失衡”。宏观经济均衡和宏观经济失衡研究主要有两类视角，一类分为内部与外部，相关概念有内部和外部均衡、内部和外部失衡；另一类分为总量均衡和结构均衡。相关文献可以从概念界定、均衡或失衡指数测算的实证研究两方面进行梳理。

1. 概念界定

关于内部均衡和外部均衡的理论研究，英国学者詹姆斯·米德（James Meade）最早从宏观经济政策角度理解经济均衡，并将经济均衡看作内部均衡和外部均衡的整体。他认为，宏观经济政策目标有两个：内部均衡和外部均衡，内部均衡是充分就业，外部均衡即满意的国际收支状况。[2]随后，米尔顿·弗里德曼（Miltion Friedman）在货币政策的框架下，提出自然失业率假说，此时内部均衡被定义为处于自然失业率水平上的经济增长。[3]至此，内部均衡和外部均衡具有了一般化定义。内部均衡是指经济体内部经济关系的均衡稳定状态，一般包括

---

[1] 张卫平．货币政策理论：基于动态一般均衡方法［M］．北京：北京大学出版社，2012：2.

[2] MEADE J E. The theory of international economic policy，Vol.1. The Balance of Payments［M］. London：Oxford University Press，1951.

[3] FRIEDMAN M. A theoretical framework for monetary analysis［J］. Journal of Political Economy，1970，（78）：139-238.

三个方面：经济增长、充分就业、物价稳定。外部均衡是指经济体对外经济关系的协调状态，一般指国际收支平衡。

近年来，不断有学者对内部均衡和外部均衡重新定义。姜波克沿用蒙代尔弗莱明模型，定义内部均衡是某一价格水平下实体经济中商品总供给和总需求的平衡，外部均衡是自主性国际收支平衡。[1]陈信华将收入分配公平和经济结构协调作为内部均衡目标。[2]章和杰等提出应该在考虑居民可支配收入提高的前提下定义内外部均衡。[3]夏晶与许桂华认为，应摒弃将内外部均衡与宏观经济四大政策目标“对号入座”的思想，内部均衡应该是一种结构性平衡，定义为在经济可持续增长基础上消费、投资和储蓄的协调，他们还基于世界经济现状将外部均衡定义为保持经济增长、保障居民福利下国际收支经常账户和资本账户的长期平衡。[4]

有些学者主张用结构均衡来衡量宏观经济均衡。石永拴等从产业结构、收入分配结果、消费投资及外贸结构三方面讨论宏观经济结构失衡。[5]刘伟从消费投资结构、收入分配结构、要素价格结构、国际收支结构四个方面讨论了经济结构失衡的现象，指出我国经济增长失衡出现新特征。[6]刘晓萍归纳了我国经济结构失衡的表现：需求结构失衡、供给结构失衡、要素投入结构失衡、空间结构失衡（包括区域结构失衡和城乡结构失衡）和分配结构失衡。[7]有些学者则主张结构均衡与总量均衡兼顾，如段平方在理解马克思社会在生产理论下，挖掘了宏观经济均衡思想，认为经济均衡既包括总量均衡，又包括结构均衡，指出中国当前的非均衡经济是由于总需求不足，并从内部均衡和外部均衡角度分析中国非均衡的经济状况。[8]付才辉提出“总量增长”和“结构失衡”的中国式发展特征，用部门

---

❶ 姜波克．开放经济下的宏观调控和政策搭配研究设想［J］．复旦学报（社会科学版），1998（1）：14–20.

❷ 陈信华．开放经济国际收支调节论［M］．上海：立信会计出版社，2000.

❸ 章和杰，陶怡．中国内外均衡政策搭配研究文献综述——基于“三缺口”模型［J］．经济论，2011（11）：26–30.

❹ 夏晶，许桂华．我国内外经济均衡的界定与失衡程度判断［J］．改革与战略，2016，32（10）：23–27.

❺ 石永拴，肖继五，高士亮．我国宏观经济的结构性失衡对“双顺差”的影响研究［J］．经济学动态，2012（10）：34–40.

❻ 刘伟．我国经济增长及失衡的新变化和新特征［J］．经济学动态，2014（3）：4–10.

❼ 刘晓萍．我国经济结构失衡的突出矛盾与治理对策［J］．经济纵横，2014（8）：55–60.

❽ 段平方．马克思的宏观经济均衡思想与中国经济均衡发展［J］．江汉论坛，2009（3）：5–11.

结构失衡代表结构失衡，认为中国经济存在“为增长而失衡”的发展方式。[1]陈斌开与陆铭指出中国经济呈现多重失衡特征，从收入分配结构、需求结构、产业结构和城乡结构几方面分析利率管制对结构失衡的作用。[2]纪明与许春慧从供需总量和结构角度理解经济均衡，认为经济均衡增长需要供需总量均衡和供需各自内部的结构均衡，指出需求包括消费需求、投资需求和净出口需求，供给包括消费性产品供给和生产性产品供给。[3]

还有学者常在宏观经济政策领域提及经济均衡，常用“经济稳定”表达，其基本出发点是充分就业、物价稳定、经济增长和国际收支平衡，通过这四个主要目标来降低经济波动和保持经济稳定性。[4]学者们在政策目标基础上进一步给定了宏观经济均衡的标准，如产出波动和通货膨胀率波动之和最小化等。[5]曼东卡（Mendonca）和纳西门托（Nascimento）发现经济发展水平高、政治风险低并具有通货膨胀目标的国家，其宏观经济稳定性更好。[6]苏畅认为，中亚国家经济稳定性影响因素应该包括：宏观经济形势、政府财政动员能力、经济预期、对外依赖程度等。[7]另一部分学者从系统脆弱性领域理解经济稳定，关注经济系统对风险事件的承受和恢复能力。其包含两层含义：一是经济系统对外部环境变化的敏感性；二是经济系统适应外界冲击而自我修复的应对性。

2. 测度研究

在上述不同观点的基础上，关于经济均衡的数量分析工具主要有三种方法：

---

[1] 付才辉．为增长而失衡——中国式发展的经验与理论［J］．南开经济研究，2015（6）：3-36.

[2] 陈斌开，陆铭．迈向平衡的增长：利率管制、多重失衡与改革战略［J］．世界经济，2016，39（5）：29-53.

[3] 纪明，许春慧．论中国当前供需结构性改革思路——基于供需转换与经济持续均衡增长视角［J］．社会科学，2017（1）：30-39.

[4] 郑蔚，周法．经济稳定与经济增长的波动轨迹、动态特征及动力机制分析［J］．贵州财经大学学报，2015（5）：14-25.

[5] 欧阳日辉，李永权．宏观经济稳定性视角下的人民币汇率制度安排［J］．中央财经大学学报，2010（8）：28-33.

[6] MENDONCA H F, Nascimento C N.Monetary policy efficiency and macroeconomic stability: Do financial openness and economic globalization matter?［J］.North American Journal of Economics and Finance, 2018（10）.

[7] 苏畅．中亚国家社会稳定影响因素探析——基于基础性因素和冲击性因素的综合分析［J］．俄罗斯东欧中亚研究，2019（3）：61-83.

第一，方差法。最普遍使用的经济均衡衡量方法就是选取某一个或多个经济变量，计算其极差、方差或标准差来衡量经济的偏离和波动程度。❶❷❸ 也有用产出缺口代表经济均衡程度，产出缺口越小，经济波动越小，经济系统越稳定。❹

第二，综合指数法。构建经济稳定性的综合评价指标体系，并用熵值法、集对分析法或建模等方法测算经济稳定程度。程实构建了一套包含 25 个指标的内外均衡指标体系，并用于中国经济的测度，结果表明外部失衡是引起整体均衡恶化的主要原因。❺ 李宝瑜设定了 5 个层次的宏观经济失衡指数体系，包括 5 大领域，13 个类别，32 个组以及 93 个失衡指标。❻ 陈志勇和夏晶从内外均衡两个层次选取 16 个指标构建经济失衡度指标体系。❼ 刘威等基于 G20 评估指标，测度中国宏观经济内部均衡和外部均衡，结果认为中国需以内部失衡治理为主。❽ 周靖祥构建了中国经济与社会发展平衡理论，以政府工作报告的关键词频次作为权重，以区域失衡发展、城乡失衡发展、内外部经济失衡发展来划分指数，从而测算失衡指数研究中国经济内外不平衡发展。❾

第三，动态一般均衡模型 DSGE。学者们基于经济周期理论研究测算经济均衡。该方法研究动态稳态系统受到随机性冲击后的系统反应，多结合脉冲

---

❶ BOHDAN M，RUDOLF K.Efficiency of Mechanisms for Ensuring Financial Stability in Developed Countries［J］.Problemi Ekonomiki，2016（3）：6–14.

❷ BAKER S R.Bloom N.Does uncertainty reduce growth? using disasters as natural experiments［J］. Cep Discussion Papers，2013，3（34）：1–32.

❸ CAGGIANO G，CASTELNUOVO E，GROSHENNY N.Uncertainty shocks and unemployment dynamics in U.S. recessions［J］. Journal of Monetary Economics，2014，67（7）：78–92.

❹ 孙工声 . 中国宏观经济波动：内部调整还是外部冲击？［J］. 金融研究，2009（11）：60–73.

❺ 程实 . 基于均衡视角的财政货币政策搭配研究［D］. 复旦大学，2007.

❻ 李宝瑜 . 中国宏观经济失衡指数研究［J］. 统计研究，2009，26（10）：10–14.

❼ 陈志勇，夏晶 . 中国经济内外失衡的测度与分析——基于经济失衡度指标体系的构建［J］. 当代财经，2012（7）：5–13.

❽ 刘威，舒琪，金山 . 基于 G20 评估体系的中国宏观经济失衡测度——兼论中国外部失衡治理的影响因素［J］. 世界经济研究，2015（10）：54–60，128.

❾ 周靖祥 . 中国社会与经济不平衡发展测度与治理方略研究［J］. 数量经济技术经济研究，2018，35（11）：21–38.

响应函数和方差分析使用，李春吉等[1]、泰坦等（Titan et al）[2]、夏仕龙[3]、门德森（Mendicion）和张（Zhang）等[4]、阿德勒等（Adler et al）等[5]都从不同角度构建了动态一般均衡模型分析随机冲击下的经济均衡系统。

二、宏观经济变量之间的均衡关系

均衡在宏观经济中具有普遍性，经济系统的各个部分都存在局部均衡关系，表现为经济变量间的均衡关系。经济变量间的均衡关系是指在经济运行中各宏观变量与经济增长的协调关系。

1. 经济增长与经济基本面变量的均衡关系

（1）投资与经济增长的均衡关系。

投资是经济增长的三大动力之一，它指一年内一国的固定资产及库存等资本货物增加，是人类经济活动中的基本活动。投资与经济增长的均衡关系一直是经济学研究的主要课题。适度投资可使经济健康运行，过度投资或投资不足，则可能导致很多后果。过度投资可能会挤压消费、过度消耗生产和劳动资源、导致物价上涨等。投资不足可能无法发挥投资对经济增长的拉动作用，进而引发消费不振和内需不足。因此，投资规模需要适度宏观调控才能和经济增长良性互动。

最著名的投资理论是“投资乘数”，乘数原理由凯恩斯提出，他认为投资是推动经济增长的重要因素。投资乘数描述的是投资的变动引起数倍的收入变动。投资乘数取决于边际消费倾向和边际储蓄倾向。“加速数”描述的是收入变动导致投资的变动，实质上是指对产出量的需求引致对资本品的需求，强调预期需求

---

[1] 李春吉，范从来，孟晓宏．中国货币经济波动分析：基于垄断竞争动态一般均衡模型的估计［J］．世界经济，2010，33（7）：96–120.

[2] TITAN E，GEORGESCU V. Investigating macroeconomic stability using the output gap［J］.Revista Română de Statistică，2013，61（2）：45–59.

[3] 夏仕龙．中国宏观经济波动研究——基于 MSV 解下的新凯恩斯模型［J］．广东财经大学学报，2018，33（6）：14–29.

[4] MENDICION C，ZHANG Y.Risk shocks in a small open economy：business cycle dynamics in canada［J］. Economic Modelling，2018，72（2）：391–409.

[5] ADLER G，MAGUD N E，WERNER A M. Terms–of–trade cycles and external adjustment［J］. International Review of Economics & Finance，2018，54（3）：103–122.

的作用。根据乘数和加速数原理，在经济均衡运行时，经济增长且总收入增加会引致投资增加，而投资经过乘数效应的作用，会引起国民收入成倍增加，经济步入良性循环；当经济发生逆转、总收入降低时，投资由于乘数效应而减少，进而导致国民收入减少，经济步入恶性循环。可见，投资与经济增长是相互促进的关系，投资是经济增长的主要推动力，经济增长是投资的前提和物质基础，两者应该相互协调。无论是哪个国家的实践经验都证明：不合理的投资是不可持续的，必将导致经济的落后和社会发展的不可持续。

近年来，我国经济快速增长和较高的投资率引发很多学者的研究。大多研究集中在对经济增长和投资之间关系的量化分析上，所运用的方法很多，如协整模型研究经济增长和投资的长期均衡关系，误差修正模型研究经济增长和投资的短期失衡调整机制，还有回归分析研究两者的因果关系。赵慧卿建立投资与经济增长率的误差修正模型，证明短期经济增长的变化引起投资同方向的变化，并提出讨论经济增长与投资的关系需要在特定的经济背景下，不同经济背景两者的关系方向不同。❶杨飞虎的研究结论显示我国经济增长与投资乘数和加速数不存在明显的因果关系，指出中国的投资乘数一直低位，投资效率较低。❷苏国强认为当前中国经济正处于失衡状态，实证分析后指出经济增长过热和流动性过剩时中国投资过热的主要原因。❸韩秀兰与李宝瑜基于协整模型实证分析认为我国固定资产投资与 GDP 在长期存在均衡关系，而在短期有失衡现象。❹纪明与许春慧指出在经济均衡增长中消费需求、投资需求和进出口需求这三类需求应该结构平衡，而我国经济发展中存在失衡现象——投资需求和净出口需求增长超过正常水平、消费需求增长相对滞后。❺

（2）劳动力报酬与经济增长的均衡关系。

劳动力报酬是劳动者付出体力或脑力劳动所得的回报对价。根据经济增长理

❶ 赵慧卿 . 投资与经济增长：谁是推动力［J］. 统计与信息论坛，2004（1）：89-91.

❷ 杨飞虎 . 我国投资乘数、加速数与经济增长探析［J］. 经济与管理研究，2007（7）：38-42.

❸ 苏国强 . 经济增长、流动性过剩与投资过热［J］. 江西财经大学学报，2008（2）：20-23.

❹ 韩秀兰，李宝瑜 . 基于协整模型的我国投资规模失衡性研究［J］. 统计与决策，2008（11）：96-98.

❺ 纪明，许春慧 . 论中国当前供需结构性改革思路——基于供需转换与经济持续均衡增长视角［J］. 社会科学，2017（1）：30-39.

论，作为经济增长的主要投入要素，劳动要素价格（劳动者报酬）对经济增长有直接的影响。劳动力报酬是收入分配的结果，也是要素价格市场的均衡状态的一个重要指标。从微观层面，完全竞争的要素市场，要素的实际报酬等于边际生产力。在市场的均衡状态下，资源配置达到最优化，每个市场主体都实现利益最大化，市场价格、市场竞争实现效率最优化。新古典经济学认为，经济处于均衡状态时，劳动产出比和资本产出比都趋于稳定，并将保持不变，卡尔多（Kaldor）将这种现象称为经济均衡增长的“特征事实”[1]。如果劳动力报酬增长慢于经济增长，则不利于市场发挥主体作用，不利于激发社会创造力和市场活力，激化社会矛盾；如果劳动力报酬增长过快，会导致市场经济的资源错配，影响劳动力供需平衡，进而不利于产业结构转型优化。联系到我国实际经济市场状况：发育程度不完善，实际发展中市场体制、经济机制和政府政策等因素使劳动要素的实际报酬可能偏离边际生产力。党的十九大报告指出坚持在经济增长的同时实现居民收入同步增长、在劳动生产率提高的同时实现劳动报酬同步提高，可见劳动者报酬与经济增长的均衡关系的重要性。在均衡增长路径上，劳动者报酬应该与人均GDP增速应一致，劳动报酬占比要相对稳定。

很多学者认为中国经济已经到达“刘易斯拐点”。“刘易斯拐点”假说是指劳动力需求增长超过劳动力供给增长速度，从而劳动力工资开始提高。刘志彪认为，劳动力价格是中国高速经济增长的第一驱动力。[2]蔡昉和都阳通过对劳动力市场上各行业和各类劳动者的工资数据进行分析认为中国已经到达“刘易斯转折点”。[3]纪明认为，中国目前经济失衡的主要现象是劳动力价格负向扭曲。他用工资增长率相对于人均GDP的偏离程度表示劳动力价格扭曲，劳动力价格扭曲=100×（工资增长率－人均GDP增长率）/人均GDP增长率。[4]李言和黄婷婷从一般均衡视角分析劳动力价格和资本价格扭曲对消费、投资、总产出和全要素生产

[1] KALDOR. Capital Accumulation and Economic Growth［M］. The Theory of Capital, New York: St. Martin Press, 1961.

[2] 刘志彪．中国经济的新动向：要素价格不断上扬的趋势与变革［J］．中国经贸导刊，2013（9）：11-12.

[3] 蔡昉，都阳．工资增长、工资趋同与刘易斯转折点［J］．经济学动态，2011（9）：9-16.

[4] 纪明．均衡增长的中国经济：要素价格扭曲、回归及效应［J］．社会科学，2015（1）：55-62.

率等变量的影响，运用DSGE模型研究发现，劳动力价格正向扭曲对宏观经济变量的均衡值有负面影响，并造成社会福利损失。[1]傅春杨等运用一般均衡模型研究行业劳动力价格扭曲发现不同行业的劳动力价格扭曲对产出效率有促进或者阻碍的影响。[2]

劳动力报酬经过再分配会形成居民可支配收入，居民可支配收入一定程度上反映了社会福利水平，经济发展水平越高，社会福利水平往往也越高，居民可支配收入也随之提高。很多学者都强调收入对经济均衡增长的重要性。江春与吴宏通过相关数据分析对比，认为国内收入分配不均是国际收支失衡的主要原因，而国内收入分配不均主要表现在居民收入增长率长期低于GDP增长率、劳动报酬较低。[3]章和杰等提出应该在考虑居民可支配收入提高的前提下定义内外部均衡。[4]夏晶与许桂华在定义外部均衡时强调以促进经济增长和居民收入提高为均衡标准。[5]

2. 金融市场与经济增长的均衡关系

由于金融的重要政策含义，金融发展和经济增长之间的关系一直受到很多关注。金融机构通过资本资源的分配和信息获取对经济增长产生促进作用，还具有管理流动风险和提高投资效率的功能。

（1）银行信贷与经济增长的均衡关系——基于信贷渠道理论。

银行信贷是金融市场的主要活动，随着金融市场的不断发展，相关研究也不断深入，关于信贷活动在宏观经济系统中的重要作用越来越得到广泛认可和关注。相关研究主要是两大理论：信贷渠道理论和金融加速器理论。信贷渠道理论

---

[1] 李言，黄婷婷．中国生产要素价格扭曲的宏观经济效应——基于DSGE模型的分析［J］．广东财经大学学报，2019，34（2）：17-30.

[2] 傅春杨，张平，陆江源．产业要素价格扭曲的效率损失与校正之策——基于全球投入产出表的视角［J］．现代经济探讨，2018（3）：9-18.

[3] 江春，吴宏．中国的国际收支失衡：基于收入分配的新视角［J］．财经问题研究，2009（10）：24-36.

[4] 章和杰，陶怡．中国内外均衡政策搭配研究文献综述——基于“三缺口”模型［J］．经济论，2011（11）：26-30.

[5] 夏晶，许桂华．我国内外经济均衡的界定与失衡程度判断［J］．改革与战略，2016，32（10）：23-27.

主要阐述银行贷款配给行为对经济增长的直接影响，而金融加速器理论侧重于强调信贷市场与经济增长的“非线性”关联[1]，其中的传导往往通过资产价格和利率的相互加强机制而作用。

在中国，银行信贷对经济增长的影响不容忽视，主要有以下几点原因。

第一，金融市场是非完全市场且银行贷款是非完全替代品是银行信贷能够影响经济增长的前提条件，从而银行减少借贷数量可以影响通货膨胀和实体经济活动。[2]这种“非完全性”（imperfections）的影响体现在两个方面：一方面是由于中国商业银行的国有控股性质，其信贷行为可能会在政策制定者要求下贷款给特定公司，进一步加深了信贷对经济增长的影响，这不应忽视。[3]另一方面是由于中国的“双轨”制利率体系，银行信贷和企业既受市场化利率变动的影响，很大一部分还受管制利率的影响。由于利率管制，货币政策的利率传导机制不能有效发挥作用，所以货币政策在中国不可避免地通过信贷渠道传导，从而进一步加深了银行信贷对经济增长的影响。

第二，企业融资渠道有限，比较依赖银行贷款，称为“银行依赖”（Bank-dependent）。银行信贷影响经济增长有两个前提[4]：一是企业借贷时存在份额配给限制；二是企业有融资需求但是融资渠道有限，不得不依赖银行贷款。从而企业对银行贷款变动反应敏感，银行贷款的变动就会有效作用于（对银行贷款有依赖的）企业生产，进而影响经济增长。

随着金融市场的日益繁荣，银行信贷在经济增长中的作用越来越显著，引起了学者们的关注。伯南克等（Bernanke et al）指出，银行贷款影响经济增长的前提是金融市场的非完全性。[5]米什金等（Kashyap et al）指出，利率管制影响银

---

[1] 赵振全，于震，刘森．金融加速器效应在中国存在吗？[J]．经济研究，2007（6）：27–38.

[2] KAKES J，STURM J E．Monetary policy and bank lending. Evidence from German banking groups [J]．Journal of Banking & Finance，2002，26（11）：2077–2092.

[3] BERGER，ALLEN N，HASAND，IFTEKHAR，ZHOU，MINGMING.The effects of focus versus diversification on bank performance：Evidence from Chinese banks [J]，Journal of Banking & Finance，2010，34（7）：1417–1435.

[4] KASHYAP，ANIL K，JEREMY C. Stein. What Do a Million Observations on Banks Say about the Transmission of Monetary Policy? [J]．American Economic Review，2000，90（3）：407 - 428.

[5] BERNANKE，BEN S，GERTLER M. Inside the Black Box：The Credit Channel of Monetary Policy Transmission [J]．Journal of Economic Perspectives，Fall 1995，9（4）：27 - 48.

行配给，会加深银行信贷对经济增长的影响。他们认为，企业融资渠道有限而不得不依赖于银行贷款时，银行贷款的变动会影响企业生产从而影响经济增长。周立和王子明基于1978—2000年的中国省际数据建模研究，认为中国各地区金融发展水平与经济增长有显著相关关系，指出促进金融发展有利于经济长期稳定增长。[1]国务院发展研究中心金融研究所货币政策传导机制研究组运用面板模型对中国银行相关数据建模，研究结论为银行贷款对经济增长的促进作用大于货币供应量。[2]梁琪与滕建州建立了银行、股票市场和经济增长的多元VAR模型，用信贷比率（BCY）指标表示银行发展，结果显示银行发展和经济增长有相互促进作用。[3]许伟和陈斌开建立DSGE模型分析经济均衡关系，结论表明：均衡系统中银行信贷与经济增长具有稳定关系。[4]潘敏和缪海斌构建宏观变量的VAR模型说明银行信贷是经济增长的主要影响因素。[5]沈中华等基于中国各城市数据研究证实了银行贷款对经济增长的正向促进作用。[6]卢（Lu）和沈（Shen）基于中国各市数据证实了银行贷款对城市经济增长的正向作用。[7]杨长汉构建TVP-VAR模型研究信贷投放、固定资产投资和经济增长间的关系，研究发现信贷投放通过影响投资而作用于经济增长，但在长期和短期其作用力度有差异。[8]邓创等研究认为中国信贷冲击对经济增长的影响比新常态之前更弱，正向信贷冲击对经济增长的作用大于负向信贷冲击对经济增长的作用，且不同的经济周期中信贷对经济增长

---

❶ 周立，王子明．中国各地区金融发展与经济增长实证分析：1978-2000［J］．金融研究，2002（10）：1-13.

❷ 国务院发展研究中心金融研究所货币政策传导机制研究组．中国银行体系贷款供给的决定及其对经济波动的影响［J］．金融研究，2003（8）：19-35.

❸ 梁琪，滕建州．股票市场、银行与经济增长：中国的实证分析［J］．金融研究，2005（10）：9-19.

❹ 许伟，陈斌开．银行信贷与中国经济波动：1993—2005［J］．经济学（季刊），2009，8（3）：969-994.

❺ 潘敏，缪海斌．银行信贷、经济增长与通货膨胀压力［J］．经济评论，2010（2）：62-70.

❻ 沈中华，魏世杰，吕青桦．银行贷款与城市经济增长——基于中国城市的经验［J］．山西财经大学学报，2010，32（2）：38-44.

❼ LU C H，Shen C H．Bank Lending and Economic Growth of Chinese Cities［J］．China & World Economy，2012，20（2）：59-79.

❽ 杨长汉．信贷投放、固定资产投资与经济增长［J］．宏观经济研究，2017（5）：21-28.

的影响不同。[1]

（2）资产价格与经济增长的均衡关系——基于金融加速器理论和 q 效应。

金融加速器理论由伯南克等人在1996年提出，阐述了由于信贷市场的不完全性导致其他变量波动通过信贷市场对经济增长产生的更大的影响。因此，金融加速器理论既可以很好地解释货币政策（如利率调整）对经济增长的作用，也常用来解释资产价格对经济增长的作用机制。[2]

资产价格主要指股票价格、房地产价格。资产价格对经济增长的影响是通过信贷市场实现的。根据金融加速器理论，由于资产可以作为企业和家庭借贷时的抵押资产，因而资产价格上升首先会提高净资产价值，企业的外部融资成本下降，企业和家庭的借贷能力提高，可获得的银行贷款数量增加，企业贷款和家庭购房贷款被用于购买新资产，投资的增加扩大了总产出，促进了经济增长。经济增长使外部融资成本进一步减少，加上需求上升的影响，造成资本价格进一步上升，这就形成了下一轮的影响传递，这一过程持续下去，银行信贷增加与资产价格上升的互相加强机制会使资产价格对经济增长的影响不断加强。其中，企业资产价值与融资成本的比率被称为 q 比率，q 比率越高，资本价格对经济增长的促进就越大，这种过程被称为 q 效应。

资产市场作为金融市场的重要组成部分，资产价格水平在宏观经济中的影响力也越来越大。莱文（Levine）和泽洛斯（Zeros）建立回归模型对47个国家的股市、银行和经济增长关系进行分析，认为股市流动性和银行信贷与经济增长直接正相关，指出股市发展对经济增长的促进作用大于银行等传统金融机构的作用。[3]阿瑞斯提斯等（Arestis et al）运用多元向量自回归模型研究股市规模、银行信贷与经济增长的均衡关系，协整分析后认为两者都会促进经济增长。[4]万寿桥和李

[1] 邓创，赵珂，邱晓勇．中国信贷周期波动的新特征及其经济增长效应分析［J］．江苏社会科学，2019（1）：9-18.

[2] BERNANKE B，GERTLER M S. The Financial Accelerator and the Flight to Quality［J］. Review of Economics and Statistics，1996（78）：1-15.

[3] LEVINE R，ZEROS S. Stock markets，banks，and economic growth［J］. American Economic Review，1998，88（3）：537-558.

[4] ARESTIS P，DEMETRIADES P. O，LUINTEL K B. Financial develoopment and ecoomic growth: the role of stock market［J］. Journal of Money，Credit and Banking，2001（33）：16-41.

小胜发现资本市场与经济增长协同发展。[1]梁云芳等基于协整模型和*HP*滤波计算了房地产均衡价格并认为房地产价格与经济发展之间具有长期均衡关系。[2]何圣财构建了考虑资产价格的开放经济内外均衡理论模型，认为中国的资产价格波动影响了经济内外均衡。[3]刘雅娇，胡静波基于Sys-GMM模型研究房地产价格对我国实体经济波动的动态影响，发现2008年后当期和滞后一期的房价变动对经济增长波动有显著正向影响。[4]

也有学者基于我国实际数据分析后认为，资产价格与经济增长的关系并不显著。比如梁琪和滕建州[5]及申小刚[6]指出中国股票市场发展并不成熟，所以与经济增长的均衡关系很弱甚至不存在。张红伟和冉芳的实证表明，我国资产价格上涨对实体经济增长的作用很微弱。[7]

3. 经济增长与能源环境的均衡关系

资源与环境对人类社会发展至关重要，它不仅为我们的生存提供了空间环境，更为我们的生产生活提供了诸多保障。当前我国经济发展面临资源与环境的约束：在农业上，耕地、淡水、农业科学技术等方面存在普遍的资源与技术约束；在工业上，我国工业发展所受到的资源和环境的制约日益显著，与其他大国和经济比较发达的国家相比不具有特别的资源丰度优势，因为我国很长一段时期内的一个基本状况是人口众多且人均资源占有量相对不足，而且工业化的过程中越来越严重的环境污染问题同样也刻不容缓。我国早已认识到经济增长和能源环

---

[1] 万寿桥，李小胜．中国资本市场与经济增长关系的脉冲响应分析［J］．财经研究，2004（6）：104-113.

[2] 梁云芳，高铁梅，贺书平．房地产市场与国民经济协调发展的实证分析［J］．中国社会科学，2006（3）：74-84，205-206.

[3] 何圣财．资产价格波动对开放经济内外均衡的影响研究［D］．长春：东北师范大学，2016.

[4] 刘雅娇，胡静波．房地产价格对实体经济波动的动态影响——基于Sys-GMM模型的实证分析［J］．财经科学，2018（4）：75-85.

[5] 梁琪，滕建州．股票市场、银行与经济增长：中国的实证分析［J］．金融研究，2005（10）：9-19.

[6] 申小刚．我国股票市场与经济增长的长期关系——基于协整的实证研究［J］．技术经济，2010，29（8）：93-97.

[7] 张红伟，冉芳．货币供给、资产价格波动与实体经济增长——基于2001—2015年月度数据的实证分析［J］．经济问题探索，2016（3）：17-23.

境均衡关系的重要性，多次强调“绿色”的新发展理念，设定了“单位国内生产总值能源消耗和二氧化碳排放量分别降低 13.5%、18%”“协同推进经济高质量发展和生态环境高水平保护”的目标和战略。

（1）能源与经济增长的均衡关系。

我国的能源消费是高消耗生产方式，能源消费是刚性需求，所以能源消费应该作为经济增长问题中的一个重点。能源消费由两部分构成，一是由能源生产技术水平决定，二是由管理体制、能源消费结构和产业结构等决定的能源消耗水平。第一部分是短期不会变化的，第二部分会随着经济体制改革和产业结构变化而变化。

能源消费弹性系数和万元 GDP 能耗都是可以体现能源消费与 GDP 增长的指标。能源消费弹性系数能反映能源消费增长率和经济增长率之间的比例关系，等于能源消费增长率比经济增长率。能源消费弹性系数大于 1 说明能源消耗超过经济增长，能源消费弹性系数小于 1 说明能源消耗的增长没有超过经济增长。一般而言，经济增长的质量越高、产业结构越规划，能源消费弹性系数就越低。能源弹性系数过高，经济增长就无法可持续发展。

卡夫特（Kraft）最早对经济增长和能源消费的关系进行开创性因果检验，发现美国在第二次世界大战后 GDP 与能源消费存在单向长期关系。[1] 斯特恩（Stern）更新了他本人在 1993 的研究结论，承认美国的能源消费和 GDP 的协整关系，认为在 GDP、资本、劳动力、能源的协整动态空间中存在长期均衡关系。[2] 邱晓华等指出能源的供求直接影响经济增长的可持续性，足够的能源有助于推动经济增长，而能源缺口又会制约经济增长。[3] 我国作为能源不足的国家，要想消除能源对经济增长的制约，就要转变能源消费方式，摆脱过去的粗放型高消耗方式。吴海瑾认为，2001—2004 年能源消费增长过快的原因在于能耗过高的第二产业增

---

❶ KRAFT J., A. KRAFT. On the Relationship between Energy and GNP [J]. Journal of Energy and Development, 1978, 22 (2): 615-625

❷ STERN D I. A multivariate cointegration analysis of the role of energy in the US macroeconomy [J]. Energy Economics, 2000, 22 (2): 267-283.

❸ 邱晓华，郑京平，万东华，冯春平，巴威，严于龙. 中国经济增长动力及前景分析 [J]. 经济研究，2006 (5): 4-12.

长过快，而能耗低的第三产业增长趋势缓慢。这样的产业格局会影响能源消费。[1]吴海瑾用实际数据进行情景假设分析，结论是2003年的第三产业比重越高，能源消费弹性系数越低。赵进文和范继涛建立非线性LSTR模型证实了中国经济增长对能源消费的非线性影响，经济超高速增长时能源消费增长更快，经济负增长时能源消费下降更快。[2]于凤玲等建立了以能源消费为中心的联立方程模型研究中国能源的影响因素和能源与经济增长的关系，指出能源消费是影响中国GDP的主要因素之一。[3]傅强等通过环境污染、能源消费、经济增长、外商直接投资和城镇化的五变量PVAR模型比较其中的双向动态关系，结果表明经济增长与能源消费和环境污染存在显著的双向耦合。[4]刘尧使用IPAT模型和脱钩指数研究了我国经济增长和能源消耗的关联性，指出在2005—2016年我国能源利用率相对有效。[5]

（2）环境与经济增长的均衡关系。

20世纪70年代开始，不断有学者在经济增长模型中考虑自然资源问题。相关研究大致可分为两个方向。一个方向是在内生增长模型中加入环境因素或者环境污染约束，最早的研究有斯托奇（Stokey）[6]、顺尔茨（Scholz）和齐姆斯（Ziemes）[7]。布鲁克（Brock）和泰勒（Taylor）在索洛模型的基础上加入环境因素提出绿色索洛模型。国内学者也在内生经济增长的框架下研究环境与经济均衡增长的关系。[8]李仕兵、赵定涛借助国外学者斯托奇等人的研究方法将环境污染引入罗默生产函数、将环境质量引入消费者效用函数，探究环境污染约束对经济均

---

[1] 吴海瑾．经济增长方式转变与能源消费弹性系数变动研究［J］．学海，2006（6）：164-167.

[2] 赵进文，范继涛．经济增长与能源消费内在依从关系的实证研究［J］．经济研究，2007（8）：31-42.

[3] 于凤玲，陈建宏，刘世明．基于联立方程模型的中国能源消费影响因素分析［J］．统计与决策，2014（4）：99-102.

[4] 傅强，张小漫，张亚军．环境污染与经济增长、能源消费、FDI和城镇化的双向耦合关系［J］．华东经济管理，2017，31（1）：83-91.

[5] 刘尧．经济增长和能源消耗关系的实证分析［J］．统计与决策，2018，34（8）：141-144.

[6] STOKEY N L. Are There Limits to Growth?［J］. International Economic Review，1998，39（1）：1-31.

[7] SCHOLZ C M，ZIEMES G. Exhaustible Resources，Monopolistic Competition，and Endogenous Growth［J］. Environmental and Resource Economics，1999，13（2）：169-185.

[8] BROCK W A，TAYLOR M S. The Kindergarten Rule of Sustainable Growth［R］. NBER Working paper，2003（9597）.

衡路径的影响效应。[1]邹庆等在内生经济增长框架下用中国实际数据建模，认为我国最终会进入 EKC 曲线的下降阶段——环境污染排放量随着经济增长而减少的协调发展阶段。[2]

另一个研究方向是基于环境库兹涅茨曲线（Environmental Kuznets Curve，EKC）的研究。库兹涅茨曲线是描述收入分配状况随经济增长呈倒 U 型曲线变化的曲线。后来学者们认为环境和经济增长之间也存在库兹涅茨曲线关系，将库兹涅茨曲线用于环境污染与经济增长关系的，研究称为“EKC 假说”。之后不断有学者基于各国实际数据对 EKC 假说进行验证，如佛德（Fodha）和扎格杜德（Zaghdoud）[3]、岩田聪等（Iwata et al）[4]、福斯特等（Fosten et al）[5]。对于中国是否存在 EKC 假说，也有一些研究，有学者用“三废”作为环境的指标，用中国省际面板数据实证分析证实“三废”人均排放量与人均 GDP 之间 EKC 曲线的存在。[6]而杜等（Du et al）用二氧化碳排放量表示环境，基于中国省际面板数据认为中国二氧化碳排放量与经济增长不存在明显的 EKC 曲线。[7]李宝瑜和刘洋利用状态空间模型和线性规划模型研究认为中国人均 GDP 增长率与环境污染是正向关系。[8]王菲等采用我国省际面板数据实证分析发现，各省的碳排放量与经济发展之间满足 EKC 假说，不同地区的拐点位置不同，东部地区距离拐点最远，西部地区接

---

❶ 李仕兵，赵定涛. 环境污染约束条件下经济可持续发展内生增长模型［J］. 预测，2008（1）：72-76.

❷ 邹庆，陈迅，吕俊娜. 我国经济增长与环境协调发展研究——基于内生增长模型和 EKC 假说的分析［J］. 中央财经大学学报，2014（9）：89-97.

❸ FODHA M T，ZAGHDOUD O. Economic Growth and Pollutant Emissions in Tunisia：An Empirical Analysis of the Environmental Kuznets Curve［J］. Energy Policy，2010，38（2）：1150-1156.

❹ IWATA H，OKADA K，SAMRETH S. A Note on the Environmental Kuznets Curve for CO2：A Pooled Mean Group Approach［J］. Applied Energy，2011，88（2）：1986-1996.

❺ FOSTEN J，MORLEY B，TAYLOR T. Dynamic Misspecification in the Environmental Kuznets Curve：Evidence from CO2 and SO2 Emissions in the United Kingdom［J］. Ecological Economics，2012，76（4）：25-33.

❻ SONG T，ZHENG T，TONG L. An Empirical Test of the Environmental Kuznets Curve in China：A Panel Cointegration Approach［J］. China Economic Review，2008，19（3）：381-392.

❼ DU L，WEI C，CAI S. Economic Development and Carbon Dioxide Emissions in China：Provincial Panel Data Analysis［J］. China Economic Review，2012，23（2）：371-384.

❽ 李宝瑜，刘洋. 中国现阶段环境约束下的适度经济增长率研究——基于废气排放量视角的分析［J］. 统计与信息论坛，2014，29（4）：23-29.

近拐点期。[1]

三、中国经济均衡增长路径研究

20世纪50年代，经济学家多尔曼、萨缪尔森和索洛提出经济均衡增长路径的概念，认为经济增长存在一条均衡路径，即在长期发展中，当经济增长达到一定水平，在经济系统的资源实现最优配置时，存在经济均衡增长路径，经济系统以稳定的增长率持续增长。众多学者基于经济增长理论研究中国的实际经济均衡增长。

一些学者通过分析现阶段政治经济环境，利用实证数据，判断中国当前的经济增长路径，预测未来的经济均衡增长态势，并提出新的看法。雷钦礼基于新古典经济理论，建立了中国长期均衡关系模型和短期误差修正模型，运用实际数据，认为中国存在自身的均衡增长路径，且指出失衡的政策调整需要两年的生效期。[2]霍影将中国的经济增长路径分为四个阶段，并构造了新古典经济增长模型分析中国经济增长路径，认为中国正处于加速增长的阶段并会继续维持若干年的均衡增长态势。[3]舒晓惠针对中国经济增长各变量建立了模型，结果显示各变量存在长期均衡关系，指出中国的实际经济增长过程是不断向平衡增长路径逼近的过程，而非平衡增长路径上运行的过程。[4]经济增长前沿课题组建立了时变要素弹性参数的生产函数，并加入投资趋势变量，估算了中国潜在增长率，认为2016年之后的经济增长率并不算低，可以说进入“稳速增长阶段”，这一阶段是向“均衡增长”迈进的过渡期。[5]纪明与许春慧基于供需转化的视角动态分析经济均衡增长一般规律，指出工业化初期是供给不足的供给主导驱动经济增长模式，工业化中期是需求不足的需求驱动经济增长模式，工业化后期则是供需结构升级的供需双因素驱动经济增长模式，他们认为中国经济已经处于工业化中后期

---

[1] 王菲，杨雪，田阳，王思鹏．基于EKC假说的碳排放与经济增长关系实证研究［J］．生态经济，2018，34（10）：19-23.

[2] 雷钦礼．中国经济增长的均衡路径分析［J］．统计研究，2002（6）：10-14.

[3] 霍影．基于新古典增长模型的中国经济增长路径分析［J］．南京财经大学学报，2009（6）：1-5.

[4] 舒晓惠，宋金奇．中国经济增长的均衡路径探析［J］．统计与决策，2009（21）：97-99.

[5] 中国经济增长前沿课题组，张平，刘霞辉，袁富华，陈昌兵，陆明涛．中国经济长期增长路径、效率与潜在增长水平［J］．经济研究，2012，47（11）：4-17，75.

阶段，发展要以供需结构升级为突破点。❶

还有学者根据实证数据分析中国经济现实发展与均衡路径的偏离程度，以及偏离均衡的原因。邱晓华等将人力资本、结构因素、制度因素加入生产函数，基于1980—2004年实际数据估计各要素对经济增长的贡献，认为资本投入要素的贡献最大。❷艾肯格林等（Eichengreen et al）对多个有快速增长经验的国家历史数据进行分析后，认为中国将在2015年后进入经济增长减速阶段，长期被低估的汇率、较低的消费率、较高的人口老龄化、一直上升的中国通货膨胀率，这四个因素加大了经济放缓的可能性。❸吴立军和曾繁华运用Ramsey- Cass- Koopmans模型分析四万亿投资政策对经济均衡增长路径的影响，认为四万亿投资有效“熨平”了经济危机的冲击，但是也使中国经济增长偏离均衡路径，预计需要20年才能回到均衡路径上。❹张佳文和孙亚南认为中国的二元经济转型还未完成，农村劳动力的非农化城乡转移进程还未结束，结构转型还有较大潜力可以显现。❺蔡昉指出近年来潜在增长率持续下降，实际增长率与潜在增长率之前的缺口基本不存在，他认为中国有望在短期和中长期出现“L”型的稳定增长态势。❻

另一些学者通过改进经济增长模型，研究各类因素影响下的均衡增长路径。李军将人口老龄化因素引入索洛增长模型，得到结论认为养老水平率不同，人口老龄化对经济平衡增长路径也会有正向、负向或零影响。❼肖红叶和顾六宝运用拉姆齐模型建立了中国经济增长长期规划动态模型，分析中国经济均衡状态的实际位置和政

---

❶ 纪明，许春慧．论中国当前供需结构性改革思路——基于供需转换与经济持续均衡增长视角［J］．社会科学，2017（1）：30-39.

❷ 邱晓华，郑京平，万东华，冯春平，巴威，严于龙．中国经济增长动力及前景分析［J］．经济研究，2006（5）：4-12.

❸ EICHENGREEN B ，PARK D ，SHIN K ．When Fast Growing Economies Slow Down: International Evidence and Implications for China［J］．Social Science Electronic Publishing，2011，11（1）：42-87.

❹ 吴立军，曾繁华．后危机时代中国经济增长的稳态路径研究——基于四万亿投资冲击下的偏离与均衡分析［J］．当代财经，2012（1）：15-24.

❺ 张桂文，孙亚南．二元经济转型视角下中国潜在经济增长率分析［J］．当代经济研究，2015（12）：58-66，2，97.

❻ 蔡昉．两个“L”型轨迹——中国经济增长中期和长期展望［J］．财经智库，2017，2（2）：5-16，136.

❼ 李军．人口老龄化条件下的经济平衡增长路径［J］．数量经济技术经济研究，2006（8）：11-21.

策因素对均衡路径的影响，结论表明中国的经济增长存在均衡路径，且各政策因素会使均衡路径出现不同的动态变化，即会影响中国经济达到稳定增长状态的时间。[1]中国经济增长与宏观稳定课题组建立了包含人力资本投资和人口增长的经济增长模型，理论推导中国经济增长的动态变化，最终认为中国的经济增长不可能长期依赖“人口红利”优势，应该转向以人力资本推动经济增长的内生增长路线上。[2]胡健和董春诗基于罗默模型，推导出自然资源约束下的内生增长模型，刻画了自然资源条件约束下的经济平衡增长路径。[3]赵丽清研究人口结构变量下的经济平衡增长路径，指出要通过鼓励人力资本投资来进一步推动可持续经济增长。[4]

四、经济均衡研究的相关模型

1. 宏观经济计量模型

宏观经济计量模型可以用来模拟经济系统的运行，也可以用于分析经济增长和经济系统中各变量之间的数量关系和均衡关系，主要包括联立方程模型和可计算一般均衡模型（CGE）。

1950年，克莱因（Klein）[5]首次使用宏观经济计量模型用于经济波动预测。我国对联立方程模型的研究已经有30年的历程。较早的研究有1990年中国社科院数量经济与技术经济研究所在和国家统计局的合作中建立“中国宏观经济年度模型”[6]，“国家财政模型”课题组[7]建立了以需求导向为主的宏观经济计量模型。

---

[1] 肖红叶，顾六宝．中国经济增长路径中稳定状态推移的政策模拟——基于拉姆齐模型的实证研究［J］．统计研究，2007（4）：41-48.

[2] 中国经济增长与宏观稳定课题组，张平，刘霞辉，张晓晶，袁富华，汪红驹．劳动力供给效应与中国经济增长路径转换［J］．经济研究，2007，42（10）：4-16.

[3] 胡健，董春诗．基于自然资源约束的内生经济增长路径研究——对罗默模型的扩展［J］．统计与信息论坛，2009，24（09）：31-36.

[4] 赵丽清．人口结构变量下的经济平衡增长路径探究［J］．商业经济研究，2017（21）：186-188.

[5] LAWRENCE R.Klein.Economic Fluctuations in the United States：1921—1944［M］.New York：Wiley，1950.

[6] 王慧炯，李泊溪，李善同．中国实用宏观经济模型1999［M］．北京：中国财政经济出版社，2000

[7] “国家财政模型”课题组，高铁梅，赵振全，姜诗章，韩冬梅，陈守东，吴桂珍，赵昕东，张桂莲，王金明，李宏纲，张艾莉，王鲁非，吴小玲，李夺．我国宏观经济计量模型及政策模拟分析［J］．中国软科学，2000（08）：114-120.

随后，不断有学者建立联立方程模型，主要用于研究财政政策或货币政策对经济增长的影响。高铁梅等建立中国季度宏观经济政策分析模型，描述1996—2007年中国宏观经济运行的短期波动和长期特征，并分析了宏观政策对经济增长的影响。[1]冯涛和杨达建立了开放条件下的中国季度宏观经济联立方程模型，并模拟宏观经济政策的效应。[2]张龙建立了需求导向的联立方程模型模拟财政政策与货币政策的配合效应。[3]崔俊富等建立联立方程模型研究三大需求与中国经济增长的关系。[4]周杰琦和汪同三运用我国省际面板数据，建立了包含1个恒等式和4个结构方程的联立方程模型，研究外商投资对环境效率的影响机制。[5]钟永红和张卫国选用国内40家商业银行的面板数据，建立了包含3个结构方程的联立方程组检验资本监管约束对银行行为调整的效果。[6]

CGE模型是宏观经济计量模型的一种，也是对宏观经济总量变量进行建模。不同于联立方程模型的是，CGE模型的"一般均衡"特点使其以经济市场中的供给与需求平衡为主，目的是求供求均衡下的一组价格和数量。CGE模型的建模数据基础是社会核算矩阵（SAM），具有一定难度，SAM数据的获取难度大是CGE模型应用受限的主要原因之一。在国内，1991年国务院发展研究中心最早开始CGE模型的研究。2002年，中国社科院PTCGEM课题组为研究税制改革效应建立了CGE模型。[7]原鹏飞和魏巍贤基于CGE模型研究了房地产价格波动对宏观

❶ 高铁梅，梁云芳，何光剑．中国季度宏观经济政策分析模型——对宏观经济政策效应的模拟分析［J］．数量经济技术经济研究，2007（11）：3-14.

❷ 冯涛，杨达．我国宏观经济政策效应的模拟分析——基于季度宏观经济联立方程模型［J］．东北大学学报（社会科学版），2010，12（4）：304-310.

❸ 张龙，白永秀．我国财政政策与货币政策及其配合效应模拟分析［J］．数量经济技术经济研究，2010，27（12）：16-26.

❹ 崔俊富，苗建军，陈金伟．如何保证中国经济长期平稳增长——基于联立方程模型的讨论［J］．首都经济贸易大学学报，2015，17（4）：3-8.

❺ 周杰琦，汪同三．外商投资、环境监管与环境效率——理论拓展与来自中国的经验证据［J］．产业经济研究，2017（4）：71-83.

❻ 钟永红，张卫国．资本监管约束下银行行为调整的动态特征分析［J］．统计研究，2018，35（4）：53-63.

❼ 中国社会科学院数量经济与技术经济研究所PRCGEM课题组．中国税制改革效应的一般均衡分析［J］．数量经济技术经济研究，2002（9）：33-45.

经济各部门的影响。[1] 邱立新和徐海涛建立了中国能源—经济—环境混合 CGE 模型。[2]

2. 动态随机一般均衡模型

基德兰德和普雷斯科特开创性建立了一套方法，可以在微观基础上建立宏观模型，模型中消费者和生产者是理性的、最优化的，可以由市场力量来调整工资和价格，存在国内外金融市场，存在预算约束下的政府宏观调控，这就是动态随机一般均衡模型（DSGE）的雏形。DSGE 是对经济系统均衡状态的模拟，是在“一般均衡方法”框架下发展的，是对具有微观基础的“均衡”关系的研究。DSGE 的“动态”分析使其成为长期经济均衡发展的分析方法之一，DSGE 的“随机”使其可以分析在长期均衡状态下的短期波动。DSGE 的建模核心思想是：在市场出清情况下，家庭与厂商的最优化行为共同决定“一般均衡”时的产量和价格。

DSGE 也有不足，广濑（Hirose）和英树（Naganuma）[3] 认为 DSGE 模型估计的有效性可能受到模型过高复杂性的影响，虽然精细设计的微观结果增强了对现实的刻画，但是也对宏观变量施加了过于严格的设定和复杂的函数关系，反而导致估计结果不准确。伊斯科瑞夫（Iskrev）指出，新凯恩斯主义 DSGE 模型的参数过多，识别难度高从而很多行为参数的识别性很弱，影响估计结果。[4] 查理等（Chari et al）认为，新凯恩斯主义 DSGE 模型中的一些参数与现实情况不吻合。[5]

在国内经济的应用上，近年来大多学者基于新凯恩斯主义思想建立 DSGE 模型来研究货币政策的模拟效应。崔光灿参考 BGG 模型建立了 DSGE 模型考察房

---

[1] 原鹏飞，魏巍贤．房地产价格波动的宏观经济及部门经济影响——基于可计算一般均衡模型的定量分析［J］．数量经济技术经济研究，2010，27（5）：88-103.

[2] 邱立新，徐海涛．能源、经济与环境协调发展的最优政策设计——基于 CGE 模型的实证研究［J］．南京财经大学学报，2018（5）：78-89.

[3] HIROSE Y S. Naganuma. Structural Esti-mation of the Output Gap：A Bayesian DSGE Approach for the U.S. Economy［Z］. Bank of Japan Working Paper No.07-E-24，2007.

[4] ISKREV N. How Much Do We Learn from the Estimation of DSGE Models- A Case Study of Identification Issues in a New Keynesian Business Cycle Model［Z］. Mimeo，University of Michigan，2008

[5] CHARI P K，MCGRATTAN E. New Keynesian Models：Not yet Useful for Policy Analysis［J］. American Economic Journal：Macroeconomics，2009，1（1）

地产价格波动对均衡经济的影响。[1]马文涛和魏福成首次使用新凯恩斯主义 DSGE 模型估计中国产出缺口，认为 DSGE 法的估计值与我国经济周期变化的一致性更高且稳健性较强。[2]余雪飞建立 DSGE 模型从信贷供给角度研究金融加速器效应。[3]刘晓光和张杰平建立 DSGE 模型分析货币供应量与经济稳定增长的关系和货币政策的选择。[4]杨小海等建立了 DSGE 两国模型，实现了基于微观基础对中国资本账户开放的政策模拟。[5]连飞建立了 DSGE 模型研究技术冲击和房地产需求冲击下的经济系统脱离均衡状态的波动，并模拟了政策组合的实施效果。[6]

第三节 经济均衡增长率的测度研究

对未来潜在的经济均衡增长水平的预测也是经济均衡增长研究的主要内容。潜在经济增长率是经济均衡增长率的测度方法，实际增长率和潜在增长率之间的缺口代表实际增长对均衡增长的偏离。潜在产出，是在通货膨胀不存在的情况下经济能创造的可持续的最大产出，表明一定时期内、一定技术水平下资源充分利用的产出状况。学者们通过测算潜在经济增长率一方面可以描述实际经济增长是否合理，另一方面可以预测现实要素约束下的未来经济均衡增长的水平和方向。

潜在经济增长率的测算方法分为 4 类：趋势剔除法、经济结构关系估计法、多变量结构化分解法和主观判断法。我们根据方法分类来阐述经济均衡增长测度相关文献。

---

❶ 崔光灿．资产价格、金融加速器与经济稳定［J］．世界经济，2006（11）：59-69，96.

❷ 马文涛，魏福成．基于新凯恩斯动态随机一般均衡模型的季度产出缺口测度［J］．管理世界，2011（5）：39-65.

❸ 余雪飞．银行资本约束与中国宏观经济波动——顺周期性下的金融加速器效应研究［J］．宏观经济研究，2013（2）：41-48.

❹ 刘晓光，张杰平．中国杠杆率悖论——兼论货币政策“稳增长”和“降杠杆”真的两难吗［J］．财贸经济，2016（8）：5-19.

❺ 杨小海，刘红忠，王弟海．中国应加速推进资本账户开放吗？——基于 DSGE 的政策模拟研究［J］．经济研究，2017，52（8）：49-64.

❻ 连飞．“稳增长”与“去杠杆”目标下的双支柱政策协调——基于供求冲击和金融摩擦视角［J］．财经理论与实践，2018，39（6）：15-21.

一、基于趋势剔除法的潜在增长率测算

趋势剔除法是估计潜在产出最简单的方法，由于其假定产出是线性趋势变化的，也称为“线性趋势法”。假设产出由长期趋势成分和短期波动成分构成，潜在产出就是其中的长期趋势成分，滤波要剔除的就是短期波动成分。实质是单变量滤波，主要方法是 *HP* 滤波。

高铁梅、梁云芳用 *HP* 滤波法和生产函数法估计中国潜在生产率，并用 ARIMA 模型预测了 2005 年和 2006 年的增长率。[1]张连城、韩蓓在对比三类测算潜在产出的方法后选择 *HP* 滤波法计算了中国 1978—2007 年的潜在产出，认为从中期看中国适度增长区间为［9%，10%］，从长期看潜在增长区间为［8%，9.5%］。[2]张佳文、孙亚南基于二元经济转型视角，对 2015 年后五年的经济增长持乐观看法，用 *HP* 滤波法推断 2015—2020 年中国的潜在增长率在 7%~9%。[3]

二、基于经济结构关系估计法的潜在增长率测算

经济结构关系估计法是基于某种经济关系和其构成的函数关系来估计潜在增长率，主要有奥肯定律法和生产函数法。

奥肯定律法是依据奥肯定律对产出缺口和失业率关系的描述，通过失业率确定潜在产出。生产函数法是利用各投入要素与产出的稳定结构来测算潜在产出，这种稳定结构可以表示成生产函数，生产函数形式可以是柯布道格拉斯生产函数、常替代弹性生产函数、超越对数生产函数等。具体步骤为：用实际数据先估计出函数中各参数，然后将各投入要素的趋势项代入函数可以得到估计的潜在产出。

有些研究是对经济增长历史水平的判断，如杨旭等推导了中国“二元经济”的奥肯定律方程，用实际数据测算了我国 1986—2004 年的潜在增长率，认为这

---

[1] 高铁梅，梁云芳．论中国增长型经济周期波动及适度增长区间［J］．经济学动态，2005（8）：37-43.

[2] 张连城，韩蓓．中国潜在经济增长率分析——HP 滤波平滑参数的选择及应用［J］．经济与管理研究，2009（3）：22-28，86.

[3] 张桂文，孙亚南．二元经济转型视角下中国潜在经济增长率分析［J］．当代经济研究，2015（12）：58-66，2，97.

些年实际经济增长率低于潜在增长率，所以我国整体上经济并没有出现过热现象。[1]李等（Lee et al）使用增长核算法建立多个国家的面板模型，分解了资本、劳动、人力资本并估算了全要素生产率、劳动生产率和资本生产率方程。[2]中国人民银行营业管理部课题组等[3]运用生产函数法估计了我国1978—2009年的潜在产出，并验证了菲利普斯曲线在中国的存在。郭晗、任保平基于生产函数法用省际面板数据估计了1997—2012中国潜在经济增长率。[4]

有些研究是基于历史数据对未来经济均衡增长速度的预测，如高路易（Kuijs）[5]、郭豫媚和陈彦斌[6]认为2015年中国潜在增长率在7.7% ~ 7.9%，2020年潜在增长率为6.7%。中国经济增长前沿课题组[7]建立了时变要素弹性参数的生产函数，考虑到投资趋势和节能减排冲击效应，测算的2021—2030年的中国潜在经济增长率处于可能区间［5.4，6.3］。蔡昉和陆旸运用增长核算法预测我国潜在增长率将逐渐降低。[8]闫坤和刘陈杰运用柯布道格拉斯生产函数测算中国合理经济增速，并在环境因素和增长限制等实际背景的考量下指出中国潜在增长率2015年后会逐年下降。[9]郭学能和卢盛荣在供给侧结构性改革视角下，在生产函数模型中加入供给侧关键因素，预测基准情形和悲观情形下2016—2040年的潜在增长率。[10]

---

[1] 杨旭，李隽，王哲昊．对我国潜在经济增长率的测算——基于二元结构奥肯定律的实证分析［J］．数量经济技术经济研究，2007（10）：14-23.

[2] LEE，JONG W，WHA AND KISEOK H.Economic Growth in Asia：Determinants and Prospects［Z］. Unpublished Manuscript，Asian Development Bank and Ewha Women' s University，2010（9）.

[3] 中国人民银行营业管理部课题组，杨国中，李宏瑾．基于生产函数法的潜在产出估计、产出缺口及与通货膨胀的关系：1978—2009［J］．金融研究，2011（3）：42-50.

[4] 郭晗，任保平．结构变动、要素产出弹性与中国潜在经济增长率［J］．数量经济技术经济研究，2014，31（12）：72-84.

[5] KUIJS L. China Through 2：20：A Macroeconomic Scenario［Z］.World Bank China Office Research Working Paper，2009（9），Washington DC：The World Bank.

[6] 郭豫媚，陈彦斌．中国潜在经济增长率的估算及其政策含义：1979—2020［J］．经济学动态，2015（2）：12-18.

[7] 中国经济增长前沿课题组，张平，刘霞辉，袁富华，陈昌兵，陆明涛．中国经济长期增长路径、效率与潜在增长水平［J］．经济研究，2012，47（11）：4-17，75.

[8] 蔡昉，陆旸．中国经济的潜在增长率［J］．经济研究参考，2013（24）：8-9.

[9] 闫坤，刘陈杰．我国"新常态"时期合理经济增速测算［J］．财贸经济，2015（1）：17-26.

[10] 郭学能，卢盛荣．供给侧结构性改革背景下中国潜在经济增长率分析［J］．经济学家，2018（1）：29-40.

三、基于多变量结构化分解法的潜在增长率测算

多变量结构化分解法是建立在多变量经济关系上的结构化分解方法。模型中加入菲利普斯曲线或奥肯定律曲线建立系统方程组来估计潜在产出，同时估计出菲利普斯曲线或奥肯定律曲线。代表性方法是不可观测成分（Unobserved Components，UC）模型。UC 模型由库特纳（Kuttner）在 1994 年提出，后不断发展改善。例如，多梅内克和戈麦斯（Doménech and Gómez）在此基础上建立了一个新模型来估计通胀率并分解实际产出，这个模型包含奥肯定律、菲利普斯曲线和加速数投资模型以及一些短期波动因素。[1] 斯特拉（Stella）和斯科特（Stock）建立了包含随机波动的双变量 UC 模型估计菲利普斯曲线和奥肯定律曲线。[2] 还有学者对双变量 UC 模型中的趋势项增加了有界随机游走的设定，测算了美国潜在产出缺口。[3] 贝格等（Berger et al）进一步建立了多变量不可观测成分模型，估计美国经济的时变非加速通胀失业率（NAIRU）、趋势通胀和潜在产出，其假设模型中的菲利普斯曲线斜率、奥肯定律参数和潜在增长率都是随时间可变的。[4]

UC 方法还进一步派生出具体方法，如状态空间模型（State-Space Model，SSM）和结构向量自回归模型（Structural Vector Auto Regression，SVAR）。SVAR 模型由布兰查德和柯汶利提出，其对非平稳实际产出序列和其他平稳变量进行 VAR 分析并分解残差，得到独立的趋势成分，即潜在产出和周期成分。[5] 贝尤明和艾肯格林（Bayoumi and Eichengreen）继续发展了这一方法。[6] 甘巴 · 门德斯

---

[1] RAFAEL D，VICTOR G. Estimating Potential Output，Core Inflation，and the NAIRU as Latent Variables［J］. Journal of Business & Economic Statistics，2006，24（3）：354–365.

[2] STELLA，ANDREA，STOCK，JAMES H，A State–dependent Model for Inflation Forecasting. International Finance Discussion Papers 2012 - 1062，Board of Governors of the Federal Reserve System，U.S，2012.

[3] CHAN，JOSHUA，KOOP，GARY，POTTER，SIMON. A bounded model of time variation in trend inflation，Nairu and the Phillips curve［J］. Appl. Econom，2016（31）：551–565.

[4] BERGER T，EVERAERT G，VIERKE H . Testing for time variation in an unobserved components model for the U.S. economy［J］. Journal of Economic Dynamics & Control，2016（69）：179–208.

[5] Blanchard O，Quah D. The dynamic effects of aggregate demand and supply disturbances［J］. American Economic Review，1989（79）：655–73.

[6] Bayoumi T，Eichengreen B. Is There a Conflict between EC Enlargement and European Monetary Unification?［J］. Cepr Discussion Papers，1992，15（3950）.

（Camba-Mendez）等建立了包含通胀率、产出和失业率的 SVAR 模型估计欧元区和美国的潜在产出。[1] 马蒂厄（Matthieu）等同样建立了包含三个变量的 SVAR 模型估计欧元区产出缺口。[2] 赵昕东建立了包含实际 GDP 和通胀率的两变量 SVAR 模型估计中国 1983—2007 年的潜在产出和产出缺口。[3] 郭红兵和陈平建立了三变量 SVAR 模型利用季度数据估计中国的潜在产出和产出缺口。[4] 黄桂田和赵留彦建立两变量 SVAR 模型分析供给和需求冲击对通货膨胀和产出缺口的影响。[5] 朱剑冰等使用卡尔曼滤波—状态空间法计算了我国 1978—2014 年的潜在增长率和产出缺口，产出缺口较小，认为这个阶段我国实际增长率较为合理。[6] 陈成和万相昱使用 *HP* 滤波和状态空间法结合从正常、乐观、悲观三个状态预测中国 GDP 增长率。[7]

四、基于主观判断法的潜在增长率测算

主观判断法是学者或研究机构依经验对现实经济运行状况的分析判断后预测出的潜在经济增长率。林毅夫等的估算结果是，2004—2014 年潜在增长率为 8.5%，2014—2024 年为 7.1%。[8] 福格尔（Fogel）对中国经济增长抱有乐观态度，他主要根据人口趋势的演变和未来教育投资回报的期望，预测 2001—2040 年中国经济增长将保持 8.4% 的速度。[9] 麦迪逊（Maddison）依经验预测 2004—2030

---

❶ Gonzalo C M, Diego R P. Assessment criteria for output gap estimates [J]. Economic Modelling, 2003, 20 (3): 529-562.

❷ MATTHIEU, ecl. Real Time Estimation of Potential Output and Output Gap for the Euro-area: Comparing Production Function with Unobserved Components and SVAR Approaches [J]. Document de Travail, 2008 (34). Novembre.

❸ 赵昕东. 基于 SVAR 模型的中国产出缺口估计与应用 [J]. 经济评论，2008（6）：90-95，108.

❹ 郭红兵，陈平. 基于 SVAR 模型的中国产出缺口估计及评价 [J]. 数量经济技术经济研究，2010，27（5）：116-128.

❺ 黄桂田，赵留彦. 供给冲击、需求冲击与经济周期效应——基于中国数据的实证分析 [J]. 金融研究，2010（6）：1-16.

❻ 朱剑冰，吕静，王立勇. 我国潜在经济增长水平测算与经济增长态势研究 [J]. 价格理论与实践，2015（3）：69-71.

❼ 陈成，万相昱. 中国宏观经济联立方程模型以及预测 [J]. 数量经济研究，2018，9（1）：1-24.

❽ 林毅夫，郭国栋，李莉，等. 中国经济的长期增长与展望 [Z]. 北京大学中国经济研究中心讨论稿，2003.

❾ FOGEL R. Capitalism and Democracy in 2040: Forecasts and Speculations [Z]. NBER Working Paper no.13184 (June), 2007.

年中国年均经济增长率将下降到 4.98%。[1] 艾诚格林（Eichengree etal）等在总结了各国发展经验数据后，预测了中国在 2011—2020 年增长率区间为［6.1，7.0］，2021—2030 年增长率区间为［5.0，6.2］。[2] 蔡昉更新了对潜在增长率的预测结果，认为 2016—2020 年增长率为 6.2%。[3] 韦森依据各行业的平均利润率和资本回报率判断中国经济潜在增长率，认为未来不可能高于 7%。[4]

第四节　文献述评

第一，经济增长理论的均衡研究，大致可以分三种类型，第一种是微观范畴的均衡研究，新古典经济学就关注微观经济均衡，并开创了“一般均衡”分析，它是基于边际效用价值论，认为市场上供给与需求相等时达到均衡状态；第二种是宏观范畴的均衡研究，包括古典经济学、马克思经济学、哈罗德多玛模型和凯恩斯主义，是对经济总量均衡关系的研究，脱离了一般均衡分析的桎梏；第三种是宏观经济框架下的微观均衡研究，其微观基础是“一般均衡”，包括技术进步论和拉姆模型、新增长理论的内生增长模型，以及新兴古典主义和凯恩斯主义和 DSGE 模型。实际上，宏观范畴的均衡思想才是符合本书主题的理论依据。

第二，在研究宏观经济整体均衡或平衡的文献中，理论研究较多，实证研究较少，且实证研究是以指数构造和测算为主。经济系统稳定应该是全面的、多维的，现有的研究中，一般见到的文献只是局部的讨论，仅考虑经济系统的某一层面、某一领域的稳定状态，如国民收入分配、物价稳定、金融稳定性，两个或三个变量间均衡关系的研究较多，而多变量多维度均衡关系的文献较少。严格来讲，单独一方面的稳定性并不能代表经济系统的稳定性。在相关大型模型应用研

---

[1] MADDISON A. Contours of the World Economy，1-2030 AD. New York：Oxford University Press，2007.

[2] EICHENGREEN B ，PARK D ，SHIN K . When Fast Growing Economies Slow Down：International Evidence and Implications for China［J］. Social Science Electronic Publishing，2011，11（1）：42-87.

[3] 蔡昉 . 两个“L”型轨迹——中国经济增长中期和长期展望［J］. 财经智库，2017，2（2）：5-16，136.

[4] 韦森 . 从宏观数据看中国经济的当下格局与长期增长前景［J］. 财经问题研究，2017（4）：3-10.

究中，CGE 模型和 DSGE 模型都是研究具有微观基础的宏观问题，仅有联立方程模型是在宏观范畴内对经济实际运行的模拟，大多是用来模拟政策实施效果，所以大型模型用于模拟宏观经济均衡系统的文献很匮乏。

第三，2015 年我国进入经济新常态时期，经济发展速度放缓，各方面发展也进入转型期。有关经济发展失衡的研究越来越多，评估经济综合均衡程度的研究尤为重要。但是，基于经济发展新特征的相关测度和评估的研究很少有经济运行均衡和非均衡程度的全面测度，将大型模型与指数体系结合的测度研究就更是少见，缺乏用于决策优化的模型，在方法论上有待于进一步完善。

第三章　中国潜在经济增长率测算

本章计算我国的潜在经济增长率，用于第五章的规划模型，作为均衡系统的规划目标。由于其中测算的产出缺口和资本存量将在第四章用到，所以将潜在经济增长率的测算安排在第三章。第一节介绍潜在经济增长率的概念及三种测算方法，第二节是本书对潜在经济增长率的具体测算过程，第三节基于第二节的测算结果分析我国 1978 年以来潜在经济增长率、实际经济增长率和产出缺口变化特征。

第一节　潜在经济增长率的概念及测算方法

一、潜在经济增长率的概念

潜在产出，是指非加速通货膨胀下，一国或一个地区现有资源可以实现的最大产出水平。潜在产出的增长率就是潜在经济增长率，可以作为长期经济规划的参考标准，是制订可持续经济增长计划的依据，对国家短期经济稳定的判断有重要意义。政府可以及时制定政策，调整经济发展方向，避免经济增长的巨大波动。潜在产出无法直接观察，需要测算。自美国经济学家阿瑟奥肯提出“潜在产出”的概念后，从 20 世纪 60 年代起，就不断有经济学家对潜在产出的概念和测算方法的开发投入大量精力。

不同学派对潜在产出有不同的理解，大致可以分为两类。

1. 凯恩斯主义的界定

凯恩斯主义的理论核心是总供给与总需求，凯恩斯主义的潜在产出理论也是从这个角度解释的。他们认为，潜在产出是由经济体的总供给能力决定的，在一定约束条件下所有资源要素被充分配置而实现的最大产出。奥肯进一步完善了这一定义，认为潜在产出是有约束的，应该是在自然失业率和价格稳定下达到的资源充分利用状态，并指出一个国家的自然失业率大概是4%的水平。货币主义代表人物弗里德曼进一步发展了潜在产出中的失业率概念，提出非加速通货膨胀失业率（Non-accelerating Inflation rate，NAIRU）。之后，不断有经济学家在凯恩斯主义的基础上定义潜在产出。美国经济学家布拉德利·希勒定义潜在经济增长率是特定时期资源和技术充分使用下的极限增长率，他认为实际经济增长率是低于潜在经济增长率的。经济学家利维定义潜在产出是在合理稳定价格水平下，技术水平最高、投入成本最低的要素组合并且资本和劳动利用率达到充分就业水平下的最大产出。

2. 新古典宏观学派的界定

新古典主义认为市场是可以自发调节的，经济周期的波动是外生冲击，对需求的即时冲击总会迅速调整，从而社会总需求是稳定的，因此实际产出是包含供给侧决定的持久产出和暂时性周期冲击的需求变动引起产出变动。新古典主义认为供给决定的持久产出才是长期均衡产出，从而他们定义潜在产出是资源正常消耗下的产出（Normal Output）。与此类似的理解是，一些学者将潜在产出解释为实际产出的趋势成分，如欧洲中央银行（ECB）。由于新古典主义是基于经济周期波动理解潜在产出，所以他们认为实际经济增长率是围绕潜在增长率上下波动的，且波动范围很小，产出缺口可正可负。而按照凯恩斯主义的潜在产出定义，实际经济增长率应该在潜在增长率之下。

二、潜在经济增长率的测算方法

潜在经济增长率的测算方法可以分为三类：趋势剔除法、经济结构关系估计法和多变量结构化分解法。

1. 趋势剔除法

趋势剔除法是将实际经济增长看作潜在经济增长和短期波动的组合，一般表示成线性趋势，可以分解为趋势成分和周期成分。其中，潜在经济增长是长期趋势成分，短期波动即产出缺口是周期成分。这类测算法中的代表性方法是*HP*滤波法，该方法简便有效，是时间序列趋势剔除的基本方法。

2. 经济结构关系估计法

经济结构关系估计法是建立在稳定的经济结构基础上，用经济理论分离出结构因素和周期波动因素对产出的影响，从而估计稳定结构下的潜在产出，包括生产函数法和奥肯定律法。其优点在于考虑了经济理论，且估算较为精确。

（1）生产函数法是运用生产函数通过实际数据估算潜在经济增长率，也称为“增长核算法”。具体步骤是：第一步，选择新古典经济增长模型并运用实际数据代入计算得到资本和劳动产出弹性，估计出总量生产函数；第二步，计算全要素生产率，使用趋势剔除法分解出趋势全要素生产率；第三步，估算通胀不存在下的潜在就业水平，一般称为“非加速通胀失业率”（NAWRU）；第四步，将趋势全要素生产率和潜在就业水平代入第一步估计出的总量生产函数，得到潜在产出。生产函数法的优点在于考虑了生产要素投入和技术进步的贡献率，考虑了供给面的潜在产出，相对于*HP*滤波法更完善更有说服力。

（2）奥肯定律法是基于产出缺口和失业率变动的稳定关系来计算潜在产出。美国经济学家奥肯在20世纪60年代研究美国实际数据发现的失业率变动与经济增长变动的稳定关系，称为“奥肯定律”。函数关系为

$$\frac{1}{\alpha}(Y_t - Y_t^*) = -\beta(u_t - u_t^n) \tag{3-1}$$

其中，Y_t是实际产出，Y_t^*是潜在产出，u_t是实际失业率，u_t^n是自然失业率，$\frac{1}{\alpha}$和β是经验系数，$\frac{1}{\alpha}$给出了实际产出与潜在产出的偏离对失业率的影响，β给出了实际失业率与自然失业率的偏离对产出的影响。估算Y_t^*的难点在于需要自然失业率u_t^n和系数$\frac{1}{\alpha}$、β。

生产函数法在我国应用较多，而奥肯定律法则应用较少，原因一方面在于自然失业率和系数无法确定，另一方面奥肯定律方法中，失业率与产出缺口的稳定关系是用美国数据证实，而学者们对中国是否存在奥肯定律有一定争议。黎德福的研究认为，菲利普斯曲线和奥肯定律不存在于中国，并将原因归于大量的劳动力转移，即中国的通货膨胀与失业率、经济增长与失业率均不存在稳定关系。[1]

3. 多变量结构化分解法

多变量结构化分解法是将统计分解趋势法和经济结构关系估计法结合起来的方法，其经济含义更强，测算结果更精确。主要包括以下两种方法。

（1）不可观测成分（Unobserved Components，UC）模型。

当通胀缺口、产出缺口、失业率缺口的结构变化无法直接观测时，可以使用UC模型，UC模型是由产出方程和通胀方程共同构造的包含不可观测成本的双变量模型，估计方法是卡尔曼滤波和最大似然法。UC模型估计时，既可以测算出潜在产出及其估计标准误，也可以估计通货膨胀对实际增长和产出缺口变动的反映。其中用到卡尔曼滤波，所以也有学者称为“UC–卡尔曼滤波法”。UC模型由产出方程和菲利普斯曲线、奥肯曲线及其他短期波动因素方程构成，其特点是将实际产出的分解和其他方程的估计同时进行。之后不断有学者对UC法进行改进，大致可以分为两个方向，一个方向是完善模型结构，增加模型中的方程个数，如包含奥肯定律、菲利普斯曲线和加速数投资模型的三变量UC模型；另一个方向是设定模型中的时变因素和随机波动，如包含随机波动（Stochastic Volatility，SV）的UC模型。

（2）结构向量自回归（Structural vector auto regression，SVAR）模型。

SVAR模型建模思想是凯恩斯主义的潜在产出思想，认为趋势变动由技术创新等永久性冲击造成，周期波动由需求变动等短暂冲击造成，从而实际产出可以分解为两种不同成分。相比UC模型，SVAR更加关注经济周期波动和货币政策实施的影响。SVAR模型就是基于这种思想对产出及通胀率和失业率等因素建立向量自回归模型，对残差进行分解，从而得到代表潜在产出的长期趋势项。

[1] 黎德福．二元经济条件下中国的菲利普斯曲线和奥肯法则［J］．世界经济，2005（8）：53–61.

后来学者们在此基础上对SVAR模型进行了不同的改进，柯格雷和普利米斯瑞（Cogley and Sargent）[1]，普里米塞里（Primiceri）[2]和科格利等（Cogley et al）[3]则使用时变参数（Time-Varying Parameters，TVP）估计VAR模型，该方法称为TVP-VAR法。

UC模型和SVAR模型都是基于经济结构建模，且都加入了奥肯定律方程和菲利普斯曲线方程，其分解实际产出的思想也都属于凯恩斯主义对潜在产出的定义，所以把两者归为一类——多变量结构化分解法。两者的不同在于估计方法，UC模型使用卡尔曼滤波及最大似然估计，而SVAR模型使用向量自回归估计，前者在滤波估计的同时分解结果，后者则是在估计后对残差分解才得到潜在产出。多变量结构化分解法可以直接分析各变量之间的潜在结构变化，不仅可以分解出潜在产出和产出缺口，还可以探究其中长期趋势和短期波动的内在变化机制。

第二节 中国潜在经济增长率测算

一、方法选取

对比潜在经济增长率的三种测算方法后，本书选择生产函数法。有以下几点原因：①趋势剔除的滤波方法简单易操作，不过没有考虑经济供给结构；②多变量结构化分解法充分考虑到经济结构，但是要求GDP和通货膨胀率的稳定关系的假设，要求菲利普斯曲线和奥肯曲线在中国的适用性，而实际情况很难满足该假设，尤其是当前供给冲击下通货膨胀与产出缺口并不存在长期关系，菲利普斯曲线在中国不具备适用性；[4]③生产函数法考虑了经济理论，考虑了生产要素投入

---

[1] COGLEY T，SARGENT T J. Drift and volatilities：Monetary Policies and Outcomes in the Post WWII U.S. Rev. Econ. Dyn.，2005，8（2）：262-302.

[2] PRIMICERI，GIORGIO E. Time varying structural vector autoregressions and monetary policy. Rev. Econ. Stud.，2005，72（3）：821-852.

[3] COGLEY T P，GIORGIO E，Sargent T J. Inflation-gap Persistence in the u.s. Am. Econ. J：Macroecon，2010（2）：43-69.

[4] 黄桂田，赵留彦.供给冲击、需求冲击与经济周期效应——基于中国数据的实证分析［J］.金融研究，2010（6）：1-16.

和技术进步的贡献率，考虑了供给面的潜在产出，相对于 *HP* 滤波法更完善更有说服力，且估算较为精确，相对于多变量结构化分解法也更灵活，无需过多限制和假设。美国国会预算局（CBO）、国际货币基金组织（IMF）、经济合作与发展组织（OECD）等国外官方组织普遍认同生产函数法。

所以，本书使用生产函数法测算潜在增长率，生产函数法不仅考虑了经济结构，并且有经济理论支撑。生产函数选取 Cobb–Douglas，为

$$Y = AK^{\alpha}L^{\beta} \tag{3-2}$$

其中，Y 是产出，K 是资本投入，L 是劳动力投入，A 是技术进步率，在生产函数法的核算中代表经济增长中资本投入和劳动投入以外的要素，主要是技术进步和制度变迁等，因此也称为全要素生产率（Total Factor Productivity，TFP），α 代表资本产出弹性，β 是劳动产出弹性，在规模报酬不变的假定下，$\alpha+\beta=1$。

对生产函数两边取对数得

$$\ln Y = \ln A + \alpha \ln K + \beta \ln L \tag{3-3}$$

二、数据与变量测算

1. 劳动力投入（潜在就业）

潜在就业就是充分就业水平，是经济达到潜在产出水平时的就业水平。计算公式为

$$L_t^* = Ls_t \cdot Tr_t \cdot (1 - NAWRU_t) \tag{3-4}$$

其中，L_t^* 是潜在就业，Ls_t 是工作适龄人数，Tr_t 是劳动参与率，$NAWRU_t$ 是非加速通胀失业率。潜在就业的估算我们采取郭庆旺和贾俊雪[1]的方法，用 *HP* 滤波后的经济活动人口代表 $Ls_t \cdot Tr_t$，用就业人数与经济活动人口比值的 *HP* 滤波趋势值作为（$1-NAWRU_t$）。劳动力数据使用就业人数表示，就业人数和经济活动人口数据均来自《中国统计年鉴》1978—2017 年年度数据。根据式 3–4 计算得到潜在就业，结果如表 3–1 所示。

---

[1] 郭庆旺，贾俊雪．中国潜在产出与产出缺口的估算［J］．经济研究，2004（5）：31–39.

2. 资本投入（资本存量）

资本存量由于没有官方公布的数据，本书采用王维等[1]估算的 1978—2016 年资本存量结果，并延长至 2017 年。

王维将资本存量分解为十大类进行估计，使用永续盘存法。计算公式为

$$K_t = I_t / p_t + (1-\delta_t)K_{t-1} \tag{3-5}$$

其中，K_t 和 K_{t-1} 是第 t 期和第 t-1 期的资本存量，I_t 是第 t 期的投资额，采用固定资本形成总额表示，δ_t 是第 t 期的资本折旧率，p_t 是定基固定资本形成价格指数，用于平减固定资本形成总额。由于国家并未公布固定资本形成价格指数，对于 2004 年之前的当年价固定资本形成价格指数 P_t，王维等通过当年价固定资本形成总额 I_t 除以固定资本形成总额指数 α_t 和 1978 年的固定资本形成总额 I_{1978} 得到，即 $P_t = 100 \times \frac{I_t}{\alpha_t I_{1978}}$，2004 年之后的固定资本形成价格指数用固定资产投资价格指数代替。

首先按照上述方法计算出 1978 年为基期的固定资本形成价格指数 p_{2017}，其次折旧率使用王维的计算结果，王维等将资本构成细分为十类，并设定折旧率与经济增速正相关，使用资本相对效率估计各类资本的折旧率，平均折旧率的测算结果是 $\bar{\delta}$=14.38%，令 $\delta_{2017}=\bar{\delta}$=14.38%，最后将 2017 年数据代入公式 $K_{2017}=I_{2017}/p_{2017}+(1-\delta_{2017})K_{2016}$，得到 2017 年的资本存量（1978 年不变价）。1978—2004 年固定资本形成总额和固定资本形成总额指数数据来自《中国国内生产总值核算历史资料（1952—2004）》，2005—2017 年固定资本形成总额和固定资产投资价格指数数据来自《中国统计年鉴》。1978—2017 年资本存量计算结果如表 3–1 所示。

3. 总产出

总产出用 1978 年价的 GDP 表示。计算方法是：用 1978 年 GDP 乘以 1978 年为基期的各年 GDP 指数得到各年 1978 年价的 GDP。国内生产总值和国内生产总值指数均来自《中国统计年鉴》1978—2017 年年度数据。总产出计算结果见表 3–1。

---

[1] 王维，陈杰，毛盛勇．基于十大分类的中国资本存量重估：1978—2016 年［J］．数量经济技术经济研究，2017，34（10）：60–77.

表 3–1 是我国 1978—2017 年 GDP、潜在就业和资本存量序列，其中，GDP 和资本存量均是 1978 年价。

表 3–1　我国 1978—2017 年 GDP、潜在就业、资本存量序列

年份	GDP/ 亿元	潜在就业 / 万人	资本存量 / 亿元	年份	GDP/ 亿元	潜在就业 / 万人	资本存量 / 亿元
1978	3 678.70	39 127.07	5 813.9	1998	23 940.98	70 915.83	22 262.83
1979	3 958.28	40 654.68	6 071.14	1999	25 776.65	71 632.39	25 044.95
1980	4 267.29	42 195.82	6 345.74	2000	27 965.48	72 273.63	27 806.57
1981	4 488.01	43 764.41	6 713.53	2001	30 297.77	72 849.89	31 975.77
1982	4 888.99	45 375.89	6 991.75	2002	33 064.16	73 369.44	37 210.17
1983	5 418.73	47 045.00	7 257.72	2003	36 382.34	73 839.72	44 366.19
1984	6 239.08	48 785.37	7 457.1	2004	40 061.04	74 267.11	53 011.1
1985	7 077.82	50 604.18	7 795.4	2005	44 626.31	74 656.80	62 383.66
1986	7 710.56	52 502.49	8 329.75	2006	50 302.54	75 013.91	70 062.04
1987	8 611.84	54 473.85	8 824.11	2007	57 461.29	75 343.40	76 165.57
1988	9 579.33	56 499.58	9 225.33	2008	63 008.77	75 649.84	89 816.38
1989	9 980.31	58 544.19	9 730	2009	68 931.48	75 937.57	107 396.66
1990	10 370.26	60 550.84	10 211.23	2010	76 263.13	76 210.18	125 126.62
1991	11 334.07	62 431.03	10 819.48	2011	83 535.92	76 470.23	142 160.31
1992	12 945.35	64 138.85	11 376.41	2012	90 098.72	76 719.34	161 073.38
1993	14 740.55	65 659.34	12 382.4	2013	97 088.25	76 958.63	180 484.05
1994	16 664.51	66 997.96	13 809.72	2014	104 173.43	77 189.09	200 745.1
1995	18 489.15	68 171.77	15 680.31	2015	111 361.61	77 411.88	222 860.63
1996	20 324.82	69 202.54	17 602.86	2016	118 844.08	77 628.84	243 680.7
1997	22 200.95	70 111.09	19 706.14	2017	126 992.40	77 842.23	276 592.62

三、我国潜在产出测算

1. 估计生产函数

各变量数据确定后，对对数形式的各变量序列进行平稳性检验，结果表明各变量均是单整序列，因此可以对对数产出函数［式（3–3）］进行回归估计。回归后，LM 检验显示模型残差存在一阶自相关，因此我们进一步采用广义差分法对总产出函数重新估计。估计结果如表 3–2 所示。

表 3-2 对数产出函数估计结果

参数		常数项 $\ln A$	资本产出弹性 α	劳动产出弹性 β	差分项 AR（1）
参数估计值		-5.44***	0.72***	0.71***	0.97***
检验统计量	t 检验值	-2.99	5.73	5.37	12.87
	R^2 值	0.997			
	F 检验值	6555.70***			

*** 代表系数在 0.01 的显著性水平下通过检验。

接下来对对数产出函数的回归结果进行 Wald 检验（零假设是 $\alpha+\beta=1$），结果显示 $P<0.05$（如表 3-3 所示），表明在 5% 的显著性水平上，拒绝原假设，认为我国在 1978—2017 年并非规模报酬不变。所以在规模报酬不变的假设下用人均生产函数计算潜在产出可能会有误差，中国人民银行营业管理部课题组等❶的研究中也证实了这一点。

表 3-3 产出弹性 Wald 系数检验

原假设	检验统计量	统计值	自由度	p 值
$\alpha+\beta=1$	F-statistic	6.297	（1，35）	0.017**
	Chi-square	6.297	1	0.017**

** 代表在 0.05、0.1 的显著性水平下通过检验。

因此，根据表 3-2 可知，我国资本产出弹性 $\hat{\alpha}=0.72$，劳动产出弹性 $\hat{\beta}=0.71$。基于这个结果，可以推测出规模报酬递增的事实。这一估计结果与以往学者基于生产函数法的计算结果相近，《国家财政模型》课题组❷估算的资本产出弹性是 0.77，劳动产出弹性 0.66，中国人民银行营业管理部课题组等❸估算的资本产出弹性是 0.775，劳动产出弹性 0.676。两者也都肯定了中国经济增长中规模报酬递增的事实。

2. 潜在产出测算

在规模报酬递增的条件下，我们借鉴中国人民银行营业管理部课题组等中的

❶ 中国人民银行营业管理部课题组，杨国中，李宏瑾．基于生产函数法的潜在产出估计、产出缺口及与通货膨胀的关系：1978—2009［J］．金融研究，2011（3）：42-50.

❷ 《国家财政模型》课题组．我国宏观经济计量模型及政策模拟分析［J］．中国软科学，2000（8）：114-120.

❸ 中国人民银行营业管理部课题组，杨国中，李宏瑾．基于生产函数法的潜在产出估计、产出缺口及与通货膨胀的关系：1978 ~ 2009［J］．金融研究，2011（3）：42-50.

方法计算全要素生产率 *TFP* 序列，

$$TFP=\frac{Y_t}{K_t^{0.72}L_t^{0.71}} \tag{3-6}$$

并对 *TFP* 序列进行 *HP* 滤波处理，得到趋势全要素生产率 TFP_{HP}。再将趋势 *TFP*、潜在就业和资本存量代入总量生产函数［式（3-6）］，得到潜在产出。1978—2017 年潜在产出序列（1978 年价）如表 3-4 所示。

表 3-4　我国潜在产出估算结果

年份	趋势 TFP	潜在产出 / 亿元	潜在经济 / 增长率	产出缺口 /%	年份	趋势 TFP	潜在产出 / 亿元	潜在经济 / 增长率	产出缺口 /%
1978	0.0 037	3 475.99		5.83	1998	0.0 063	23 603.69	109.72	1.43
1979	0.0 039	3 852.55	110.83	2.74	1999	0.0 062	25 700.57	108.88	0.30
1980	0.0 041	4 262.94	110.65	0.10	2000	0.0 062	27 617.03	107.46	1.26
1981	0.0 042	4 751.70	111.47	−5.55	2001	0.0 061	30 351.86	109.90	−0.18
1982	0.0 044	5 233.70	110.14	−6.59	2002	0.0 060	33 588.19	110.66	−1.56
1983	0.0 046	5 748.51	109.84	−5.74	2003	0.0 060	37 804.37	112.55	−3.76
1984	0.0 048	6 261.89	108.93	−0.36	2004	0.0 059	42 634.20	112.78	−6.04
1985	0.0 050	6 893.72	110.09	2.67	2005	0.0 058	47 609.92	111.67	−6.27
1986	0.0 051	7 689.42	111.54	0.27	2006	0.0 058	51 467.98	108.10	−2.26
1987	0.0 053	8 496.85	110.50	1.35	2007	0.0 057	54 382.17	105.66	5.66
1988	0.0 055	9 267.33	109.07	3.37	2008	0.0 057	60 911.59	112.01	3.44
1989	0.0 056	10 133.60	109.35	−1.51	2009	0.0 056	68 874.07	113.07	0.08
1990	0.0 057	11 001.27	108.56	−5.74	2010	0.0 056	76 397.04	110.92	−0.18
1991	0.0 059	11 982.96	108.92	−5.42	2011	0.0 055	83 183.00	108.88	0.42
1992	0.0 060	12 928.24	107.89	0.13	2012	0.0 055	90 357.42	108.62	−0.29
1993	0.0 061	14 228.93	110.06	3.60	2013	0.0 054	97 335.96	107.72	−0.25
1994	0.0 062	15 845.70	111.36	5.17	2014	0.0 054	104 268.74	107.12	−0.09
1995	0.0 063	17 763.59	112.10	4.08	2015	0.0 053	111 516.96	106.95	−0.14
1996	0.0 063	19 626.73	110.49	3.56	2016	0.0 053	117 944.92	105.76	0.76
1997	0.0 063	21 511.72	109.60	3.20	2017	0.0 052	128 118.40	108.63	−0.88

第三节　中国潜在经济增长率测算结果分析

实际产出和潜在产出间的差被称为产出缺口，反映实际经济偏离均衡的程度，也反映总供给与总需求的差异。产出缺口反映经济实际运行偏离均衡水平的

程度，等于潜在产出与实际产出的差额在潜在产出中的比重，计算公式为

$$GAP=(Y^{*}-Y)/Y^{*} \tag{3-7}$$

其中，GAP 是产出缺口，Y^{*} 是潜在总产出，Y 是实际总产出。若产出缺口为正，实际产出大于潜在产出，说明经济过热，通货膨胀压力过大；若产出缺口为负，实际产出小于潜在产出，此时产出缺口如果较小，则属于正常状态，如果较大那么说明国家经济增速过慢。根据上一节的计算结果，绘制出图 3-1 和图 3-2。图 3-1 是我国 1978—2017 年的潜在经济增长率和实际经济增长率的趋势。图 3-2 是我国 1978—2017 年的产出缺口。

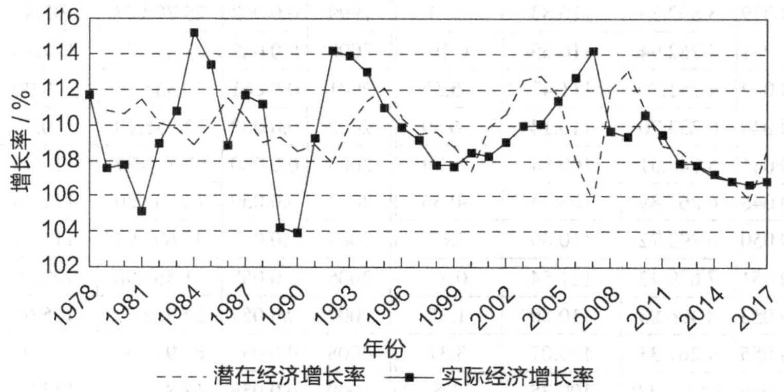

图 3-1 我国潜在经济增长率与实际经济增长率（1978—2017 年）

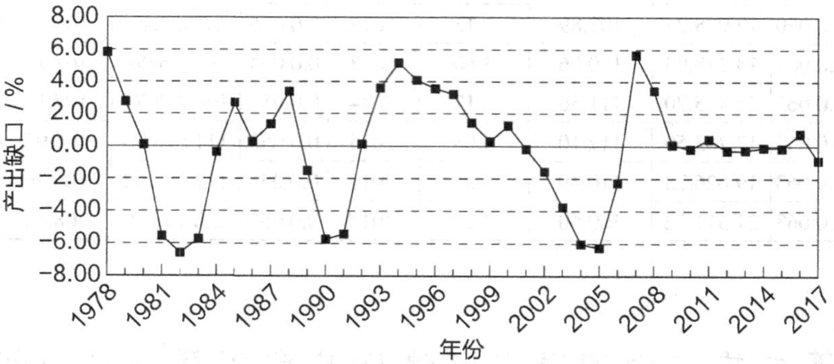

图 3-2 我国产出缺口（1978—2017 年）

按照产出缺口的谷位数量，将 1978—2017 年分为 4 个周期。前三个周期的谷位高度差不多，第 4 个周期还处于峰谷之间的适中位置。

第一个周期，1978—1988 年。1978—1982 年实际经济增长不断下行，且产出缺口为负且不断扩大，1982 年产出缺口达到谷底（–6.6%）。1983—1988 年，经济增长不断回升，产出缺口先变小后又变为正向，1988 年正向的产出缺口达到顶峰，这主要是由改革开放政策下长期压抑后大量增加的消费需求拉动引致的，消费率达 57.86%。

第二个周期，1989—1994 年。1988 年开始，我国实际经济增长率开始回落，产出缺口从正向缩小变成负向增大，1990 年到达谷底。这一阶段由于 1988 年政府采取稳定物价、清理固定资产投资项目的政策，收缩了经济增长率。1990 年后，随着国民经济和社会发展十年（1991—2000 年）规划和第八个五年“计划”等刺激经济回升的政策实施，投资率上升很快，经济迅速发展，达到顶峰，1994 年产出缺口到达峰位（5.2%）。

第三个周期，1995—2007 年。1995 年后产出缺口不断缩小，由于 1998 年亚洲金融危机的巨大冲击以及国家紧缩性货币政策的影响，经济增长率下降，不过我国采取积极财政政策不断提高投资比率，且多年来的资本积累形成越来越大的生产能力，此时投资成为经济增长的主要动力，2001 年后经济增长开始复苏，不过中国经济发展中的商品供给过剩问题已经开始突显，实际经济增长率仍低于潜在经济增长率，产出缺口在 2005 年到达谷底。长期高投资率带来的强大生产能力使 2005 年后负的产出缺口不断缩小，到 2007 年正向缺口到达峰顶。

第四个周期，2008—2017 年。2008 年次贷危机的爆发影响了全球经济，加上经济发展转型和产能过剩等问题的多重压力，国内经济不断下行，从图 3–1 可以看出，经济增长从高速进入中速，不过由于经济刺激政策的效用，产出缺口很小，不超过 1%，说明这个阶段实际经济增长率与潜在经济增长率大致相等，充分体现了我国政府对经济增长维稳的决心。只要把产出缺口控制在这个小区间，只要把产出缺口控制在这个小区间，政府就无需对经济放缓过分担忧，并且产出缺口走势仍处于周期的前半段，还未经历产出缺口正向增大的后半段，可见中国经济仍有增长潜力。

第四章　中国经济增长多维均衡关系模型构建与参数估计

本章建立了中国经济增长多维均衡关系模型，模拟我国经济系统的多维均衡关系。第一节介绍了中国经济增长多维均衡关系模型的思想；第二节是中国经济增长多维均衡关系模型的构建；第三节是模型各变量的数据整理和计算，一部分变量数据需要用到第三章的测算结果；第四节模型变量趋势序列计算，这是模型估计前最重要的一步，是多维均衡关系估计的基础；第五节是中国经济增长多维均衡关系模型的估计和简要分析；第六节是中国经济增长多维均衡关系模型的检验，验证了结果的有效。

第一节　中国经济增长多维均衡关系模型的思想

一、MBRM 模型的设计思想和设计原则

中国经济增长多维均衡模型（Multidimensional Balanced Model for China's Economic Growth，MBM）是基于中国历史数据和现实经济运行态势构建的契合中国宏观经济发展的多维均衡系统，其中采用了联立方程模型和目标规划，模拟了我国长期多维均衡关系和均衡关系约束下的均衡值，多维均衡关系和多维均衡值共同形成了多维均衡系统。

这个模型的根本目的在于计算出一套均衡值，利用这套均衡值，我们可以在多维均衡系统基础上测度经济运行实际水平和均衡水平的差异，设计出一套指数来量化经济非均衡发展程度。

根据这个研究思路，MBM 模型的设计包括两个子模型，第一个子模型模拟经济多维均衡关系，第二个子模型在多维均衡关系约束下求解以经济均衡增长水平为核心的多维均衡值。第一个子模型设计安排在第四章，第二个子模型设计安排在第五章。均衡值作为标准构造的均衡指数的设计安排在第六章。

本章拟设计一套中国经济增长多维均衡关系模型（Multidimensional Balanced Relation Model for China's Economic Growth，MBRM）。MBRM 模型是 MBM 模型的第一个子模型，模拟了我国宏观经济系统长期的均衡关系，体现了经济增长及系统内各变量之间的稳态结构。

1. MBRM 模型的设计思想内容

（1）多利益主体协调的实现与联立方程模型的选择。

本书开篇指出多维均衡关系是经济系统中不同维度的状态变量之间的一种稳定、合理、协调的关系。那么在“多维均衡”含义下，模型应该紧紧围绕这一主题来设计，充分体现多利益主体的协调和平衡的内涵，不能过多侧重于经济的某一个方面，要在模型设计中凸显中心思想和主张。

要描述这种多变量间复杂关系，需要采用大型模型。对比联立方程模型、CGE 模型和 DSGE 模型后，选择联立方程模型，原因有以下几点：① DSGE 模型虽然具有均衡状态的特点，但是 DSGE 模型适用于具有微观基础的宏观问题，而本书研究宏观层面的总量变量之间的均衡关系，DSGE 并不符合；②与联立方程模型相似，CGE 模型也是对宏观经济总量变量进行建模，但是 CGE 模型是基于“一般均衡”理论的，而本书“经济增长的多维均衡”不同于“一般均衡”，这一点已经在第一章第一节作过具体讨论；③本书的多维均衡系统中，经济变量之间互为因果，且多个变量的行为是同时决定的，联立方程法恰好可以很好地描述经济系统的这种复杂联系，因此，联立方程模型是能够体现多利益主体协调的适合 MBRM 模型的统计方法。

（2）经济系统具有均衡性，建模采用变量的长期趋势值。

传统的联立方程模型使用实际数据建模，力求得到最符合现实经济运行的模型系统。而 MBRM 模型的目的是模拟均衡的经济运行系统，如果使用实际数据建模则无法得到均衡结果。根据基本假设①，经济系统具有均衡性，短期内会波动并脱离均衡状态，长期中会在均衡水平上下波动，从而变量的长期趋势序列之间的结构关系也具有均衡性，利用各变量的长期趋势序列作为稳态变量值就可以模拟出一套经济均衡系统。这也就意味着，要将每个变量的随机波动成分去掉，将变量的稳定趋势保留，因而用变量的趋势值估计出来的系数，可以看作变量之间均衡状态下的均衡系数，称为“多维均衡系数”。MBRM 模型的核心思想就是将变量的趋势值作为长期稳定序列构造模型。

（3）实践与理论结合，基于实证经验建立模型。

在 MBRM 模型设计中，没有假定，而是主要依据我国经济发展现状和特点，并结合均衡发展理论建立。对中国经济增长和发展实践的研究，如果简单借助于某一成型的理论或者一般的方法，是很难探究到准确结果的，也就无法对中国经济均衡和非均衡发展进行准确解构。以实践检验理论，以理论指导实践，MBRM 模型试图囊括宏观经济的各主要领域，能够反映实际经济运行的路径传递关系。宏观经济运行中，变量既影响一些变量，同时也会受这些变量影响，尤其是以经济增长为中心的路径，如能源消费既影响经济增长，也受经济增长的影响，从而基于实证经验，变量间的直接影响和间接影响都可以体现在模型中。

2. 数量分析的设计原则

（1）模型设计要求要基于经济理论考虑关联性和全面性。

关联性是指模型系统内部的各模块各指标之间应该是相互关联的，全面性是指模型设计应该能全面深入地反映经济多维均衡系统的各个方面。坚持关联性和全面性原则，MBRM 模型才能全面体现“多维”特征，并兼具系统内在的紧密联系。

（2）始终遵循可操作性原则。

模型应该能够得到真实有效的多维均衡关系估计结果。这种可操作性首先要求模型估计方法的适用性，其次要求模型中各指标选取精练，模型设计不能过于复杂或冗余，再次要求指标数据的可获得性，最后要求模型易推广、易应用，使模型结果含义明确，使分析结果易于理解。

二、设计 MBRM 模型的主要步骤与方法

1. MBRM 模型的主要步骤

第一步，模型设计与变量选择。应该有取舍地选择对多维均衡系统具有代表性的方面：①对模块的设计需要抓住重点，体现本书的思想；②对指标的选择既要选择信息丰富的综合性指标，又要选择能够突出经济系统各方面关键因素的重要代表性指标。

第二步，确定变量的长期趋势序列。需要分两个步骤实现，首先是确定变量的约束标准，可以按经济理论或国家经济策略来确定约束范围；其次是用 *HP* 滤波法求解变量的趋势序列，利用 *HP* 滤波法剔除变量的随机波动因素，得到变量的长期趋势成分。这样两步求解的结果，不仅考虑了实际经济意义，也经过了数学的趋势剔除方法计算，其趋势值估计的变量关系就可以认为是均衡关系。这一步应该考虑到经济增长多维均衡的动态特征和指标基准的动态性，其约束标准是随着社会经济环境的变化而动态调整的。

第三步，估计变量之间的均衡关系并对估计结果进行检验。选择合适的估计方法，用变量的趋势序列估计模型得到一组系数，即“多维均衡系数”，最后对 MBRM 模型进行相关检验。

2. 模型设计中的主要方法

（1）联立方程法。

作为宏观经济模型，联立方程法以经济理论为基础，其目的是得到经济系统各因素之间的数量关系，这种数量关系表现为模型的数值特征，即联立方程的解。联立方程模型中不止一个方程，包含多个相互依赖的变量（称为内生变量），每个内生变量都有一个方程。不像单方程，联立方程中估计的每个方程的参数都要考虑方程组中其他方程的信息和它们之间的联系。

联立方程的模型是一组由主要内生变量组成的方程，通过给定前定变量，可以通过估计好的联立方程模型对内生变量进行模拟、评价和预测。这里的内生变量是指由方程系统内部决定的变量，在模型中常表示为方程的被解释变量，前定

变量由模型外部决定，是提前给定的，其变化不受模型系统影响，模型中常表示为方程的解释变量。前定变量又分为两类：外生变量包括当期的和滞后的，以及滞后内生变量。

设一个线性联立方程模型有 l 个内生变量 $Y_1, Y_2, \cdots, Y_l$，k 个前定变量 $X_1, X_2, \cdots, X_k$。模型的规范形式用矩阵表示为

$$\boldsymbol{AY}+\boldsymbol{BX}=\boldsymbol{E} \tag{4-1}$$

其中，$\boldsymbol{Y}$ 是内生变量矩阵，$\boldsymbol{X}$ 是前定变量矩阵，$\boldsymbol{A}$ 是内生变量系数矩阵，$\boldsymbol{B}$ 是前定变量系数矩阵，$\boldsymbol{E}$ 是扰动项矩阵，t 是时间下标。

$$\boldsymbol{Y}=\begin{pmatrix} Y_1 \\ Y_2 \\ \vdots \\ Y_l \end{pmatrix}=\begin{pmatrix} y_{11}\, y_{12} \cdots y_{1t} \\ y_{21}\, y_{22} \cdots y_{2t} \\ \vdots \quad \vdots \quad \ddots \quad \vdots \\ y_{l1}\, y_{l2} \cdots y_{lt} \end{pmatrix}，\boldsymbol{X}=\begin{pmatrix} X_1 \\ X_2 \\ \vdots \\ X_k \end{pmatrix}=\begin{pmatrix} x_{11}\, x_{12} \cdots x_{1t} \\ x_{21}\, x_{22} \cdots x_{2t} \\ \vdots \quad \vdots \quad \ddots \quad \vdots \\ x_{k1}\, x_{k2} \cdots x_{kt} \end{pmatrix}$$

$$\boldsymbol{A}=\begin{pmatrix} \alpha_{11}\, \alpha_{12} \cdots \alpha_{1l} \\ \alpha_{21}\, \alpha_{22} \cdots \alpha_{2l} \\ \vdots \quad \vdots \quad \ddots \quad \vdots \\ \alpha_{l1}\, \alpha_{l2} \cdots \alpha_{ll} \end{pmatrix}，\boldsymbol{B}=\begin{pmatrix} \beta_{11}\, \beta_{12} \cdots \beta_{1k} \\ \beta_{21}\, \beta_{22} \cdots \beta_{2k} \\ \vdots \quad \vdots \quad \ddots \quad \vdots \\ \beta_{lk}\, \beta_{lk} \cdots \beta_{lk} \end{pmatrix}，\boldsymbol{E}=\begin{pmatrix} \mu_{11}\, \mu_{12} \cdots \mu_{1t} \\ \mu_{21}\, \mu_{22} \cdots \mu_{2t} \\ \vdots \quad \vdots \quad \ddots \quad \vdots \\ \mu_{l1}\, \mu_{l2} \cdots \mu_{lt} \end{pmatrix}$$

可以看出，在完备的联立方程系统中，每一个内生变量都会由一个方程表示。由于联立方程常用来描述一个经济主体的行为或经济社会的结构，所以把联立方程模型中的方程称为“结构方程”，α 和 β 则称为“结构参数”或“结构系数”。

联立方法模型建立前还需要判断模型的可识别性，设联立方程模型中含有 l 个结构方程，即 l 个内生变量，k 个前定变量（包括截距项），每个方程中有 l_j 个内生变量，k_j 个前定变量（包括截距项）可识别性的阶条件是：在一个含有 l 个方程的联立模型中，一个方程被识别的阶条件是：该方程所排除的前定变量个数要不少于方程中内生变量的个数减 1，即：$k-k_j \geqslant l_j-1$。

联立方程的估计方法包括有限信息法和完全信息法。有限信息法是逐个估计方程组中的每个方程，完全信息法是同时估计模型中全部方程。能够保持联立方程品质的最理想的方程应该是完全信息法，然而由于计算工作量和成本消耗太大，即使在高速计算机时代的今天也非常惊人，并且这样的系统方法常导致参数

有难以确定的高度非线性解，所以实践中常使用有限信息法。有限信息法主要包含普通最小二乘法、间接最小二乘法和两阶段最小二乘法。

（2）*HP* 滤波法。

在获取变量均衡序列的步骤中，需要用到 *HP* 滤波法。*HP* 滤波法是霍德里克（Hodrick）和普雷斯科特（Prescott）在 1980 年提出的，用于宏观经济趋势的分析。它可以简洁有效地从变量的时间序列中获得变量的长期趋势，可以表示为如下形式：

实际序列表示为趋势成分 g_t 和短期波动 c_t 的和为

$$y_t = g_t + c_t \quad t = 1, \cdots, T \tag{4-2}$$

霍德里克（Hodrick）和普雷斯科特（Prescott）[1] 随后设计了一个滤波器，采用移动平均法原理，从实际序列 y_t 中滤波出趋势序列 g_t，求解问题可以表示为

$$\min\left\{\sum_{t=1}^{T}(y_t - g_t)^2 + \lambda\sum_{t=1}^{T}(g_t - g_{t-1})(g_t - g_{t-2})\right\} \tag{4-3}$$

趋势成分 g_t 是上述方程的解。大括号中第一项表示短期波动的度量，第二项表示趋势成分的平滑程度，λ 是平滑参数，且大于 0。λ 的取值决定滤波程度即序列平滑度。由于剔除了序列中的短期波动因素，所以滤波后获得的长期趋势序列可以看作变量的均衡序列。

第二节　中国经济增长多维均衡关系模型的构建

一、MBRM 模型的框架构建

1. 模块构建具体要求

（1）体现多利益主体协调。

首先需要囊括经济运行最基本的方面，刻画经济生产活动的 GDP 模块、刻画经济增长来源的供给模块（资本与劳动）、刻画经济发展活力的需求模块（消

---

[1] HODRICK R J, EDWARD C P. Postwar U.S. business cycles: an empirical investigation［J］. Journal of Money, Credit and Banking, 1997（29）: 1, 1–16 .

费与投资）、刻画居民生活水平的收入模块（收入与基尼系数）、刻画通货膨胀水平的物价模块（居民消费价格指数）、刻画开放经济关系的外贸模块（出口与外汇储备）。

（2）体现中国经济实践特征。

作为中国特色社会主义国家，宏观调控是经济运行的最重要因素，模型应具体体现政府部门宏观政策，模型加入金融模块和财政模块，金融模块的设计较为具体详细，包括能代表货币政策的货币供应量和利率，代表金融市场资产价格的股票价格与房地产价格。

（3）体现国家社会经济的动态政策走向。

中国作为一个能源消费大国，能源消费问题对经济有不可忽视的影响。随着环境污染的日益严重，绿色 GDP 不断引起人们的关注，“节能减排”的目标常常紧随在经济增长之后。资源环境协调越来越成为我国近年来最关注的发展问题，我国政策频繁强调“生态”“绿色”“节能”等关键词，可见，能源和环境在我国经济均衡增长中的作用日益重要，鉴于此，模型加入能源环境模块（环境和能源）。

2. 经济系统中的平衡关系

宏观经济运行是一个完整的经济流量循环过程。经济总量由生产环节产生，创造服务与产品，其价值通过生产要素的交换转化成初始收入，通过再分配形成消费者最终收入，这些收入一部分被用于消费支出，一部分形成储蓄或投资，再通过金融机构被投资者用来投资。消费者的消费支出和投资者的投资支出最终会回到生产部门，这个过程就形成了一个经济循环。经济循环过程中，各经济变量之间必须保持平衡关系。

第一，消费支出需求应该与消费品供给保持平衡。如果消费支出需求大于供给，消费品价格会上涨，易发生通货膨胀，同时投资支出需求会减少，易造成投资品积压使投资供给大于需求，政府如果想要提高投资支出需求就会额外发行货币，最后也可能引起通货膨胀。如果消费需求小于供给，则易发生通货紧缩。

第二，投资支出需求应该与投资品供给保持平衡，也应该与消费支出需求保持平衡比例关系。如果投资支出需求大于供给，引起投资品价格上涨，消费品供给不足。如果投资支出需求小于供给，则会造成投资品挤压，可能引发经济增长乏力，消费支出需求不足，市场低迷。从货币或价值的角度看，如果投资支出需求过大于或过小于消费支出需求，平均消费倾向表现的偏小或者偏大，储蓄、价格、货币供应的平衡状态都会发生相应变化，导致市场的紊乱。

第三，收入分配应该在各部门保持平衡。尤其是劳动报酬应保持适度，偏大或者偏小都会直接影响消费支出。特别是居民实际工资收入的增长，过快还是过慢都会影响后续的再分配支出和消费支出需求。基尼系数作为体现收入差距的国际标准，也需要控制在一定水平。

第四，金融市场规模必须适度。储蓄向投资转化的金融渠道必须畅通，否则会引起货币供给量、银行信贷、利率和保险等一系列变量的连锁反应。银行信贷使当今经济体系中金融市场的最大组成部分，信贷与货币供应量直接相连，货币供应量与信贷和利率的平衡关系必须保持稳定。信贷也直接关系到资本市场价格，比如股票（企业投资资金的重要来源）价格和房地产价格，其间的平衡关系非常重要，稍有不慎会引发市场波动。

第五，经济总量与资源、环境的关系平衡。经济活动中包含对自然资源的开发利用，由于经济资源的稀缺性，在大力开发资源满足经济活动需求的同时，一定要保证资源要有效利用、不过度开发，否则到一定阶段会阻碍经济发展。在资源和经济活动之间必须保持平衡关系。

第六，国内经济与国外部门经济活动的关系也应该平衡。国外部门的经常项目和资本项目需要平衡，国际收支如果顺差过大，外汇储备过高，引起国内货币供应量扩大，则会引发国内通货膨胀。如果逆差过大，资本外流后本币会升值，则引起通货紧缩、经济增长放缓等。

3. 构建经济系统框架

根据上述讨论，模型设计了 9 大经济模块，分别是 GDP 模块、供给模块、需求模块、金融模块、能源和环境模块、收入模块、物价模块、财政模块、外贸模块。在变量选择上，我们在考虑模型设计思想后选择了 25 个经济指标，并非包罗万象，而是重点选取与经济增长密切相关的变量。其中，18 个内生变量，7 个先决变量包括 3 个滞后内生变量和 4 个外生变量（汇率、固定资产投资价格指数、第二产业增加值比重、产出缺口）。各模块和变量信息列表如表 4–1 所示。

表 4–1　模块与变量选择

变量名称	符号	性质	模块	变量名称	符号	性质	模块
经济增长率	*GDPs*	内生	GDP 模块	能源消费增长率	*ECs*	内生	能源和环境模块
资本存量实际增长率	*Ks*	内生	供给模块	环境污染指数	*EPs*	内生	
工资实际增长率	*Wages*	内生		第二产业增加值比重	*SIP*	先决	
滞后一期工资实际增长率	*Wages*（–1）	先决		滞后一期居民收入实际增长率	*DIs*（–1）	先决	收入模块
投资实际增长率	*FIs*	内生	需求模块	居民收入实际增长率	*DIs*	内生	
居民消费水平指数	*HCs*	内生		基尼系数	*GI*	内生	
滞后一期居民消费水平指数	*HCs*（–1）	先决		居民消费价格指数	*CPI*	内生	物价模块
货币供应量增长率	*M2s*	内生	金融模块	固定资产投资价格指数	*FIP*	先决	
房地产价格增长率	*REPs*	内生		产出缺口	*GAP*	先决	
股票价格增长率	*SPs*	内生		财政收入增长率	*FIs*	内生	财政模块
利率	*R*	内生		外汇储备增长率	*FERs*	内生	外贸模块
贷款增长率	*BLs*	内生		出口增长率	*EXs*	内生	
—	—	—	—	汇率	*E*	先决	

据此，构建的多维均衡增长经济系统的框架流程图如图 4–1 所示。

图 4–1 中，具备企业、政府、居民及国外共 4 个经济部门主体。国内生产由劳动、资本、金融资金、能源和环境共同提供要素供给，满足居民消费、企业投资及出口需求。金融市场的资金循环也是很重要的部分：政府通过货币供应量和利率将资金流向金融机构，金融机构通过贷款将资金借贷给企业，企业将资金一部分用于生产，通过要素市场将资金以劳务的形式分配给居民，同时政府获得企业和居民支付的税收收入，企业的另一部分资金流入资本市场，购买不动产和股票。在商品市场，企业生产的产品一部分被居民消费购买，另一部分出口给国外部门，资金流入形成外汇储备。

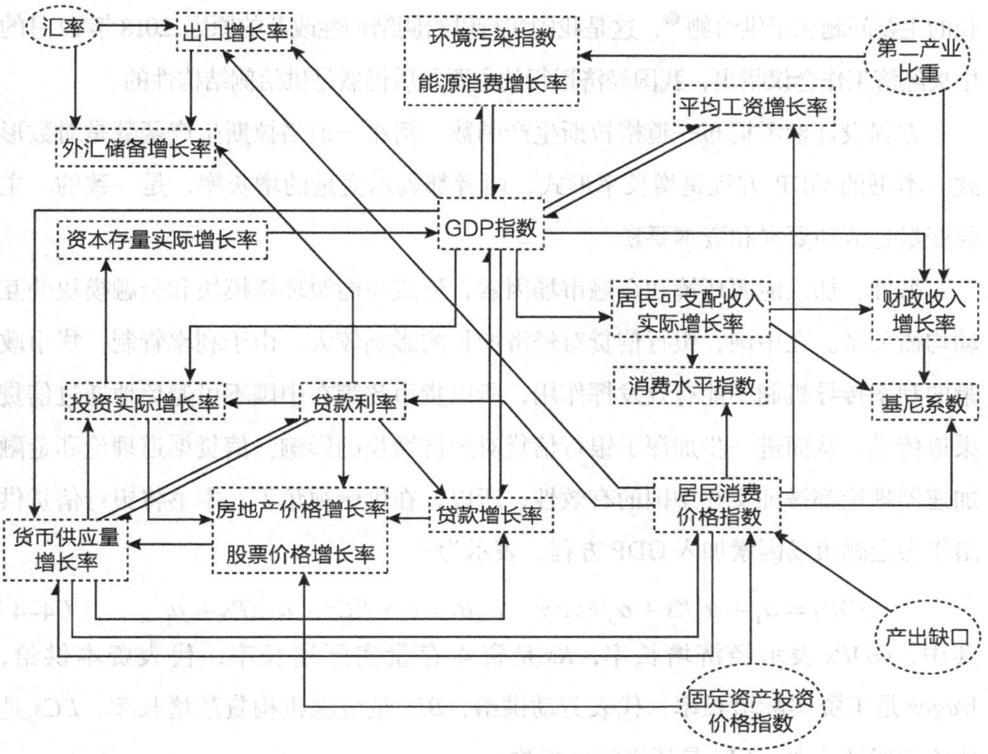

注：方形框内是内生变量，椭圆形框内是外生变量。

图 4–1　中国经济增长多维均衡模型总流程图

二、MBRM 模型的方程构建

MBRM 模型包含 9 大经济模块、18 个结构方程，涵盖 25 个经济指标。我们考虑了模型中各结构方程的可识别性，所建立的各方程都通过可识别性检验。最终模型是经过多次建模估计和剔除系数不显著的变量，并多次调整变量指标后得到的，具体模型设计如下。

1. GDP 模块

GDP 模块包含 1 个方程，GDP 方程。采用以供给为导向，供给决定总产出的生产函数。这是因为我国经济增长已经进入新常态，之前能推动经济增长的人口红利也逐渐消失，影响经济增长的主要因素已经从需求侧转向供给侧，当前中国经济增长的主要问题在于供给侧[1]，这是我国实行供给侧结构性改革的原因。2018 年 12 月的中央经济工作会议指出，我国经济运行的主要矛盾仍然是供给侧结构性的。

方程设计参考柯布—道格拉斯生产函数，柯布—道格拉斯生产函数是对数形式，本书的 GDP 方程是增长率形式，两者都表示变量的增长率，是一致的。主要变量是劳动要素和资本要素。

另外，加入能源环境和金融市场因素，形成与能源环境模块和金融模块的互动均衡关系。在中国，银行信贷对经济增长的影响较大，由于利率管制，货币政策的利率传导机制不能有效发挥作用，所以货币政策在中国不可避免地通过信贷渠道传导，从而进一步加深了银行信贷对经济增长的影响。信贷渠道理论和金融加速器理论都被证实在中国的有效性，所以，在供给视角下，本书将银行信贷供给作为金融市场因素加入 GDP 方程，表示为

$$GDPs = \alpha_1 + \alpha_2 Ks + \alpha_3 Wages + \alpha_4 BLs + \alpha_5 ECs + \alpha_6 EPs + \mu_1 \tag{4-4}$$

其中，$GDPs$ 表示经济增长率，Ks 是资本存量实际增长率，代表资本供给，$Wages$ 是工资实际增长率，代表劳动供给，BLs 是金融机构贷款增长率，ECs 是能源消费增长率，EPs 是环境污染指数。

2. 供给模块

供给模块包括 2 个方程，资本方程和工资方程，分别代表资本供给和劳动力供给。资本存量的积累基本来自固定资产投资，选取固定资产投资实际增长率作为资本存量实际增长率的解释变量。工资不仅是经济增长的供给侧因素，也是总产出的初次分配结果，受经济增长的影响，所以将经济增长率加入工资方程，表示为

资本存量方程：$Ks = \alpha_7 + \alpha_8 FIs + \mu_2$ （4-5）

工资方程：$Wages = \alpha_9 + \alpha_{10} CPI + \alpha_{11} GDPs + \alpha_{12} Wages(-1) + \mu_3$ （4-6）

其中，Ks 是资本存量实际增长率，$Wages$ 是工资实际增长率，FIs 是投资实际增长率，$Wages(-1)$ 代表滞后一期工资增长率。

[1] 蔡昉．两个“L”型轨迹——中国经济增长中期和长期展望［J］．财经智库，2017，2（2）：5-16，136.

3. 需求模块

需求模块包括 2 个方程，消费方程和投资方程。

消费首先取决于可支配收入，其次消费价格水平影响着居民的消费需求，而且还可能存在消费惯性。所以将可支配收入、CPI 和滞后一期的消费加入消费方程。消费方程中，选取居民消费水平指数和居民可支配收入分别代表消费和收入，两者都是人均层面的，显然消费方程建立在人均层面更能体现经济学中理性人消费收入的理论。

我国的固定资产投资主要是政府行为，货币供应量的投放是投资的主要来源，而利率影响着投资的信贷渠道（贷款）。另外，投资决策的安排与经济增长有密切联系。因此，将利率、货币供应量增长率和经济增长一起作为投资增长率的解释变量，表示为

消费方程：$HCs = \alpha_{13} + \alpha_{14}DIs + \alpha_{15}CPI + \alpha_{16}HCs(-1) + \mu_4$ （4–7）

投资方程：$FIs = \alpha_{17} + \alpha_{18}R + \alpha_{19}GDPs + \alpha_{20}M2s + \mu_5$ （4–8）

其中，HCs 是居民消费水平指数，FIs 是投资实际增长率，$HCs(-1)$ 是滞后一期的居民消费水平指数，CPI 是居民消费价格指数。

4. 能源和环境模块

能源和环境模块包括 2 个方程，能源方程和环境方程。

能源和环境不仅影响 GDP，GDP 的增长也促使能源消费和环境污染，因此在能源和环境方程中，加入 GDP 增长率作为解释变量。

改革开放以来，中国产业结构调整使第二产业迅速发展，表现在第二产业增加值比重的上升，一方面，生产要素从生产率较低的第一产业流向生产率较高的第二产业，要素使用效率提高，这是中国经济高速增长的一大原因；另一方面作为能源消耗的主要部门，第二产业的能耗高，会造成大量能源消费，并产生过多的环境污染排放，所以第二产业增加值比重对能源和环境的影响也不容忽视，邱立新、徐海涛[1]的研究也指出第二产业增加值比重对能源和环境的显著影

[1] 邱立新，徐海涛．能源、经济与环境协调发展的最优政策设计——基于 CGE 模型的实证研究［J］．南京财经大学学报，2018（5）：78-89.

响。鉴于此，我们将第二产业增加值比重加入能源和环境模块，见式（4-9）和（4-10）。

能源方程：$ECs=\alpha_{21}+\alpha_{22}GDPs+\mu_6$ （4-9）

环境方程：$EPs=\alpha_{23}+\alpha_{24}GDPs+\alpha_{25}SIP+\mu_7$ （4-10）

其中，ECs 是能源消费增长率，EPs 是环境污染指数，SIP 是第二产业增加值比重。

5. 金融模块

金融模块包括 5 个方程，货币需求、货币供给和资产价格三组方程。其中，货币供给方程有：货币供应量方程；货币需求方程有：贷款方程、利率方程；资产价格方程有：房地产价格方程、股票价格方程。

本书认为，资产价格（股票市场和房地产的价格）波动会通过财富效应、q 效应等途径影响企业投资和家庭消费，从而影响经济增长。房地产业已成为我国国民经济的支柱产业，会带动上下游各行各业的发展，房地产价格的稳定关系到宏观经济的均衡发展，所以，多维均衡经济系统中不能缺少资产价格。模型设计中加入股票价格方程和房地产价格方程能使经济运行的模拟更加完整。

利率对银行贷款具有重要影响。由于我国是不完全市场，间接融资是我国的主要融资方式，此时商业银行的信贷就成为我国货币政策的重要传导渠道之一。[1] 有学者通过实证分析认为，货币政策宽松时市场利率对贷款规模有较大影响（相较于紧缩的货币政策）。[2] 因此，将利率加入贷款方程，得到式（4-12）。利率方程如式（4-13）。

货币冲击对资产价格有影响。名义利率的下降促进企业和家庭向银行更多贷款，并购买土地、房屋、股票等资产用于投资，这种对资产需求的上升会带动资产市场价格上涨。所以将利率的影响加入房地产价格方程，得到式（4-14）。

股票市场的发展会衍生交易货币需求。石建民用一般均衡分析证实股票市场

---

[1] 周方．我国信贷配给对经济增长的影响研究［D］．北京：中共中央党校，2016.

[2] HE D，WANG H. Monetary Policy and Bank Lending in China – Evidence from Loan-Level Data［J］. Ssrn Electronic Journal，2013.

的货币需求效应，认为应该把这种效应加入货币供给与需求的规划中。[1]因此，考虑将股票价格作为解释变量加入货币供应量方程，得到式（4-15）。

货币供应量方程：$M2s = \alpha_{26} + \alpha_{27}GDPs + \alpha_{28}R + \alpha_{29}SPs + \alpha_{30}CPI + \mu_8$　（4-11）

贷款方程：$BLs = \alpha_{31} + \alpha_{32}M2s + \alpha_{33}R + \alpha_{34}GDPs + \mu_9$　（4-12）

利率方程：$R = \alpha_{35} + \alpha_{36}M2s + \alpha_{37}GPI + \mu_{10}$　（4-13）

房地产价格方程：$REPs = \alpha_{38} + \alpha_{39}FIs + \alpha_{40}R + \alpha_{41}BLs + \alpha_{42}FIP + \mu_{11}$（4-14）

股票价格方程：$SPs = \alpha_{43} + \alpha_{44}GDPs + \alpha_{45}BLs + \mu_{12}$（4-15）

其中，$M2s$ 是广义货币供应量增长率，BLs 是金融机构贷款增长率，R 是贷款基准利率，$REPs$ 是房地产价格增长率，SPs 是 A 股成交金额增长率，FIP 是固定资产投资价格指数。

6. 收入模块

收入模块包括 2 个方程，收入方程和基尼系数方程。收入方程反映居民可支配收入水平，基尼系数方程反映居民收入差距水平。居民可支配收入作为收入再分配的结果，主要受经济增长的影响。考虑到滞后期变量的影响，在收入方程中加入其滞后一期变量，表示为

收入方程：$DIs = \alpha_{46} + \alpha_{47}GDPs + \alpha_{48}DIs(-1) + \mu_{13}$　（4-16）

基尼系数方程：$GI = \alpha_{49} + \alpha_{50}DIs + \alpha_{51}GPI + \alpha_{52}FRs + \mu_{14}$　（4-17）

其中，DIs 代表居民收入实际增长率，$DIs(-1)$ 是滞后一期的居民收入实际增长率，GI 是基尼系数。

7. 财政模块

近年来，我国的财政政策很多通过财政收入的调节来实现，如 2011 年国务院批准的营业税改增值税试点方案，2016 年 5 月中国全面推行营改增试点，营业税改增值税政策的特点是通过减少重复征税减轻企业赋税，促进各类产业积极发展；又比如 2019 年 1 月开始正式实施的《中华人民共和国个人所得税法》，也

[1] 石建民．股票市场、货币需求与总量经济：一般均衡分析［J］．经济研究，2001（5）：45-52，94-95.

是通过提高个税起征点等措施减少对中低收入群体的税收。在这样的税制改革背景下，本书将财政收入方程作为财政模块的主体。财政模块有 1 个方程，财政收入方程，表示为

$$FRs = \alpha_{53} + \alpha_{54}GDPs + \alpha_{55}DIs + \alpha_{56}SIP + \mu_{15} \quad (4\text{–}18)$$

其中，FRs 是财政收入增长率，DIs 代表居民收入实际增长率，SIP 是第二产业增加值比重。

8. 物价模块

物价模块是 1 个方程，物价方程。

“产出—物价”菲利普斯曲线是描述经济增长率与物价水平变化之间的正向关系，是现在大多经济学家惯用的（另两种表达式的菲利普斯曲线是“失业—工资”曲线，1958 年由经济学家菲利普斯提出；“失业—物价”曲线，由美国经济学家萨缪尔森和索洛在 1960 年提出）。“产出—物价”曲线中有一个重要概念是“产出缺口”，是实际经济增长率对潜在经济增长率的偏离，它反映了通货膨胀压力。因此，将物价方程表达为菲利普斯曲线形式，并引入货币供应量和固定资产投资价格指数。

物价方程：$CPI = \alpha_{57} + \alpha_{58}M2s + \alpha_{59}FIP + \alpha_{60}GAP + \mu_{16}$ （4–19）

其中，FIP 代表固定资产投资价格指数，GAP 是产出缺口，$M2s$ 是广义货币供应量增长率。

9. 外贸模块

从 1994 年开始，我国的汇率制度开始实施了依据外汇市场供求的浮动汇率制度。1994—2005 年单一参考美元汇率，2005 年 7 月公布了新的汇率改革方案，当前我国的汇率形成机制是以外汇市场供求为基础，参考一篮子货币的浮动汇率制度。所以，人民币汇率的决定因素主要是：现实的外汇市场的供求状况、一篮子货币汇率变动和人民币对美元汇率的稳定。[1]这些因素更多取决于国际市场，而非国内经济系统。孙立新建立 DSGE 模型模拟的结果认为人民币汇率波动的长

[1] 余永定，肖立晟．论人民币汇率形成机制改革的推进方向［J］．国际金融研究，2016（11）：3–13.

期影响最大因素是国外经济的产出波动（45.8%）。[1] 鉴于此，将汇率作为 MBRM 模型系统的外生变量。

外汇储备来源于经常项目顺差和资本项目顺差。经常项目顺差受出口影响，净出口越大顺差越大，从而增加外汇储备。资本项目顺差包括长期资本顺差和热钱，国内利率和汇率的波动会影响国外资本流入，从而积累外汇储备，而汇率的升值贬值也会使外汇储备增加或者蒸发。所以外汇储备方程中，将出口、汇率和利率作为解释变量。

外贸模块包括 2 个方程，出口方程和外汇储备方程，表示为

出口方程：$EXs = \alpha_{61} + \alpha_{62}GDPs + \alpha_{63}E + \alpha_{64}CPI + \mu_{17}$ （4–20）

外汇储备方程：$FERs = \alpha_{65} + \alpha_{66}EXs + \alpha_{67}E + \alpha_{68}R + \mu_{18}$ （4–21）

其中，EXs 是出口总额增长率，$FERs$ 是外汇储备增长率，E 是名义汇率，R 是贷款基准利率。

第三节　模型变量的数据整理和计算

本书涉及的数据来自历年《中国统计年鉴》《中国国内生产总值核算历史资料（1952—2004）》及中国人民银行官方网站、国家统计局和世界银行公布的数据，还有一些学者的测算成果。根据研究目的和变量数据的可得性，本书选取 1993—2017 年的数据。

这些数据需要经过三轮处理才能用于模型估计。第一轮是将各变量的总量数据转化为增长率形式，将各类指数变量，如利率、汇率、CPI 及 GDP 指数等处理后得到基本变量。第二轮是对部分重要变量根据经济理论或国家政策设定相应的约束标准并调整，得到变量的约束序列。第三轮是将除了产出缺口的其余所有变量进行 *HP* 滤波处理，得到各变量的趋势序列。本节详细介绍各变量的基本数据处理，下一节详细介绍变量的约束设定和趋势序列。

[1] 孙立新．国际金融危机冲击与中国宏观政策反应效果研究——基于开放经济 DSGE-VAR 模型［J］．山东大学学报（哲学社会科学版），2016（2）：35-45.

变量数据处理的目的，一是将总量变量转化为增长率形式，使基本指标统一为相对数形式；二是将变量剔除价格因素变为实际增长率形式，从而与中心变量（经济增长率）一致（各指标数据见附录一、附录二、附录三）。

一、原始数据

一些变量可以直接获取数据。

经济增长率。经济增长率用国内生产总值指数表示，是指国内生产总值的年度实际增长率，单位是百分比形式，数据来自《中国统计年鉴》，指标符号为GDPs。

第二产业增加值比重。第二产业增加值比重就第二产业增加值在总增加值中的比重，单位是百分比形式。它是外生变量，代表我国产业结构，用SIP表示。数据来自《中国统计年鉴》。

居民消费水平指数。居民消费水平指数（上年=100），就是居民平均消费支出的实际增长率，单位是百分比形式，用HCs表示。数据来自《中国统计年鉴》。

居民消费价格指数。居民消费价格指数（上年=100），用CPI表示，是反映居民购买的消费品和服务的价格水平变化程度，它是最常用最直接的物价水平指数。单位是百分比形式。数据来自《中国统计年鉴》。

固定资产投资价格指数。固定资产投资价格指数（上年=100），反映固定资产投资中的各类商品和相关项目的价格变化程度。单位是百分比形式。数据来自《中国统计年鉴》。

基尼系数。基尼系数是反映一国居民收入差异状况的重要指标，系数范围在0~1，基尼系数越大表示收入不平等程度越严重。由于我国只公布2003—2017年的基尼系数，所以1993—2002年的基尼系数来自世界银行发布的《世界发展指标》，2003—2017年的基尼系数来自国家统计局。用GI表示。

贷款利率。贷款利率使用金融机构贷款基准利率（6个月至1年），是由央行发布的利率，作为货币政策工具之一。央行对利率的调整并不是每年一次，有时一年调整多次，有时两到三年才调整一次。基于利率的原始数据，对于一年调整多次的情况取算术平均值作为该年的利率，对于2～3年调整一次的情况用上一年的利率作为该年的利率，从而得到1993—2017年的贷款利率，用R表示。金融机构贷款基准利率数据来自中国人民银行。

汇率。汇率使用人民币对美元汇率（美元=100），单位是元，用E表示。数据来自《中国统计年鉴》。

二、一次处理型数据

一些变量需要用其总量数据计算增长率，变量的增长率计算公式是：$X_t^* = 100 \times \frac{X_t}{X_{t-1}}$，其中，$X_t^*$是第$t$期增长率变量，$X_t$是第$t$期总量变量，增长率变量的单位均是百分比形式。

货币供应量增长率。M2是反映货币供应量的主要指标，被称为“广义货币”，M2等于流通中的现金加定期存款、居民初期存款和其他存款，代表现实和潜在购买力。由于本书的均衡模型的中心就是潜在增长率，所以选择代表现实和潜在购买力的M2作为货币供应量的指标符合模型整体要求。既满足目的性原则又满足关键性原则，再加上中国人民银行采用M2作为货币政策的调控目标。于是本书采用M2的增长率作为货币供应量增长率，单位是百分比形式，用M2s表示。

环境污染指数。环境污染指数，是用二氧化硫排放量根据增长率公式计算后得到，单位是百分比形式，用EPs表示。二氧化硫排放量数据来自《中国统计年鉴》，单位是吨。

能源消费增长率。能源消费增长率，是用能源消费总量根据增长率公式计算后得到，单位是百分比形式，用ECs表示。能源消费总量数据来自《中国统计年鉴》，单位是万吨标准煤。

财政收入增长率。财政收入增长率用全国财政收入根据增长率公式计算得到，单位是百分比形式，用FRs表示。全国财政收入，单位是亿元，数据来自《中国统计年鉴》。

出口增长率。出口增长率，是用出口总额根据增长率公式计算得到，单位是百分比形式，用EXs表示。出口总额，单位是亿元，数据来自《中国统计年鉴》。

外汇储备增长率。外汇储备增长率，是用外汇储备根据增长率公式计算得到，单位是百分比形式，用 FERs 表示。外汇储备，是一国国际储备的主要部分，是对外经济的重要衡量指标，单位是亿美元，数据来自《中国统计年鉴》。

金融机构贷款增长率。金融机构贷款增长率，是用金融机构资金应用各项贷款额根据增长率公式计算后得到，单位是百分比形式，用 BLs 表示。金融机构资金应用各项贷款，是衡量金融市场信贷规模的重要指标，数据来自《中国统计年鉴》，单位是亿元。

房地产价格增长率。房地产价格增长率，是用商品房平均销售价格根据增长率公式计算得到，单位是百分比形式，用 REPs 表示。商品房平均销售价格数据来自《中国统计年鉴》，单位是元 / 平方米。

股票价格增长率。股票价格增长率是用 A 股成交金额根据增长率公式计算得到，单位是百分比形式，用 SPs 表示。A 股全称为人民币普通股票，由中国注册公司发行并在境内上市的 A 股成交金额数据来自《中国统计年鉴》，单位是亿元，1992 年我国的内地股票市场才正式成立，所以股票价格增长率的时间区间从 1993 年开始。

三、二次处理型数据

由于 GDP 指数是实际增长率，为了避免价格不一致的影响，所以模型中与 GDP 指数有直接关系且包含价格因素的变量，需要用相应价格指数进行平减，从而保证价格水平一致性。一些变量需要在增长率基础上用价格指数进行平减，分别是固定资产投资变量、平均工资变量和居民收入变量。

投资实际增长率。固定资产投资实际增长率的计算需要两步：第一步，用全社会固定资产投资计算固定资产投资增长率；第二步，用固定资产投资增长率除以固定资产投资价格指数，剔除价格因素后，获得投资实际增长率，单位是百分比形式，用 FIs 表示。全社会固定资产投资与固定资产投资价格指数均来自《中国统计年鉴》。

工资实际增长率。工资实际增长率的计算需要两步：第一步，用平均工资计算平均工资增长率；第二步，剔除价格因素，用平均工资增长率除以居民消费价格指数，得到工资实际增长率，单位是百分比形式，用 Wages 表示。平均工资数据区间是 1992—2017 年，1995 年之前该指标叫职工平均工资，1995 年之后该指标为城镇单位就业人员平均工资。数据来自《中国统计年鉴》。

居民收入实际增长率。居民收入实际增长率的计算需要三步：第一步，根据历年城镇人口和农村人口比重分别对城镇家庭人均可支配收入和农村家庭人均纯收入进行加权求和，计算出居民人均收入；第二步，根据增长率公式，用居民人均收入计算居民收入增长率；第三步，用居民收入增长率除以居民消费价格指数，剔除价格因素后，得到居民收入实际增长率，单位是百分比形式，用 DIs 表示。由于 2013 年起的收入数据是国家统计局开展城乡一体化调查后获得的，所以 2013—2017 年的城镇和农村收入数据与 2013 年之前口径稍有不同。数据均来自《中国统计年鉴》。

四、估算型数据

一些变量的数据无法直接获取，需要通过一定方法进行测算。

资本存量实际增长率。资本存量数据来自第三章的测算结果，如前文表 3–1 所示。在此基础上，计算资本存量的增长率就是资本存量实际增长率，由于资本存量是固定价，所以直接用增长率公式计算后得到实际增长率。单位是百分比形式，用 Ks 表示。

产出缺口。产出缺口，用 GAP 表示，等于实际产出与潜在产出的差额在潜在产出中的比重，$GAP=(Y-Y^{*})/Y^{*}$。在第三章中，已经计算得到产出缺口数据，单位是百分比形式，如前文表 3–4 所示。

第四节 模型变量趋势序列计算

变量趋势序列的计算需要 2 个步骤：①依据经济理论、国家政策或者国际标准设定变量的约束标准，并根据约束标准用转化算子调整原序列，得到“约束序列”（用 X^{c} 表示）。这一步并不是所有变量都进行，一些变量没有明确的理论或经验标准。②趋势成分提取法，采用 *HP* 滤波平滑法对第一步处理后的变量和其他变量（除了产出缺口变量）进行趋势提取（用 X_{HP} 表示）。经过这两步处理后得到的序列就是变量的趋势序列。

一、变量约束标准设定

约束标准的设定又分三种方法：第一种方法是经验法，按实际情况确定变量的合理值域，如依据国家政策、国内外对比经验等；第二种方法是理论法，基于均衡增长理论或变量间的关系计算变量的约束范围；第三种方法是合理弹性法，是依据经济理论、变量之间的合理关系，确定一个变量之后，通过设定增长弹性的合理取值来约束另外一个变量的取值，如能源消费对经济增长的弹性等。

确定约束标准后，需要依据该约束进行序列调整，调整方法使用刘雪晨、李宝瑜等[1]研究中的转化算子公式为

$$X^c = \min(X^c) + \left[(\max(X^c) - \min(X^e)\right] \times \frac{X - \min(X)}{\max(X) - \min(X)} \quad (4\text{–}22)$$

其中，min（X^c）是约束标准最小值，max（X^c）是约束标准最大值。X^c 是根据约束标准调整后的序列，称为“约束序列”，X、min（X）、max（X）分别是原变量序列以及原序列最小值、最大值。

一共设定 7 个变量的约束标准，分别是能源消费增长率、环境污染指数、居民收入实际增长率、CPI、工资实际增长率、资本存量实际增长率和股票价格增长率。其中，采用经验法的变量是 CPI、股票价格增长率和居民收入实际增长率，采用理论法的变量是工资实际增长率和资本存量实际增长率，采用合理弹性法的变量是能源消费增长率和环境污染指数。约束序列结果见附录中附表四。

1. 经验法

（1）居民消费价格指数的约束标准。

居民消费价格指数 CPI，也称为通货膨胀率，是衡量宏观经济稳定和健康运

---

[1] 刘雪晨，李宝瑜，张晰．蒙特卡洛特征样本采样方法研究［J］．统计与信息论坛，2019（1）：3–12.

行的重要指标。“产出 – 物价”菲利普斯曲线关系一方面说明物价水平会随着经济增长而上升，保持适度通货膨胀有助于经济增长❶，另一方面说明通货膨胀率越高，经济增长率偏离均衡的程度越严重，且过高的通胀率会损害社会福利。可见，一个均衡的经济增长系统需要一个合理的通货膨胀率，既要与经济增长率协调同步上涨，又不能过高。

基于上述考虑，本书将 1993—2017 年的 CPI 数据调整到一个标准差范围之内，约束最大值是原序列均值加原序列标准差（即 116.0，如表 4–2 所示），最小值保持原序列最小值不变。用转化算子调整后的序列如图 4–2 所示。

表 4–2　居民消费价格指数原序列和约束序列的基本信息　单位：%

CPI（1993—2017 年）	均值	标准差	最大值	最小值
原序列	104.18	6.06	124.1	98.6
约束序列	102.42	4.14	116.0	98.6

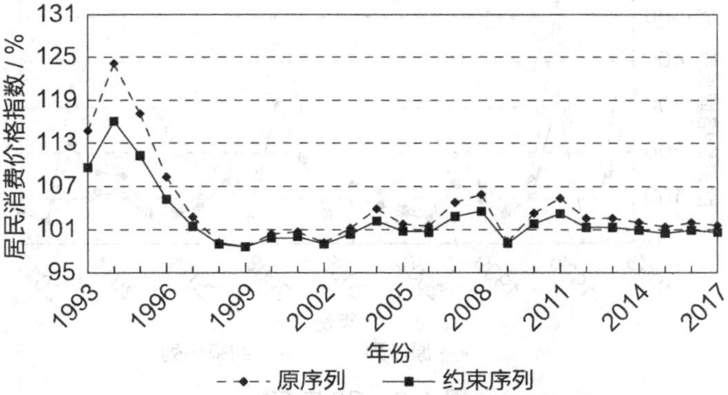

图 4–2　CPI 与 CPI^c

（2）股票价格增长率的约束标准。

金融理论认为，股票具有资金融通和传递资产价格信息等功能。股票市场常被称为“国民经济晴雨表”，作为一种虚拟资本，其波动应该不脱离实际经济发展状况。由于我国股票市场发展时间较短，从 1992 年开始便跌宕起伏，1993—2017 年，股价增长率标准差达到 150.9，2007 年的 A 股成交金额增长率高达

❶　刘金全，谢卫东．中国经济增长与通货膨胀的动态相关性［J］．世界经济，2003（6）：48–57；王双正．基于 VAR 模型的通货膨胀与经济增长关系研究［J］．经济理论与经济管理，2009（1）：21–27.

509.7%，如此大幅度的波动已经脱离股票价格的合理范围也与经济增长背离。因此，需要调整股票价格增长率。

本书将1993—2017年的股票价格增长率（*SPs*）数据调整到一个标准差范围之内，约束标准最大值是原序列均值加原序列标准差（即329.17，如表4–3所示），最小值保持原序列最小值不变。用转换算子调整后的序列 SP^c 如图4–3所示。

表4–3　股票价格增长率原序列和约束序列基本信息　　单位：%

股票价格增长率（1993—2017年）	均值	标准差	最大值	最小值
原序列	178.27	150.90	540.42	49.46
约束序列	122.84	85.97	329.17	49.46

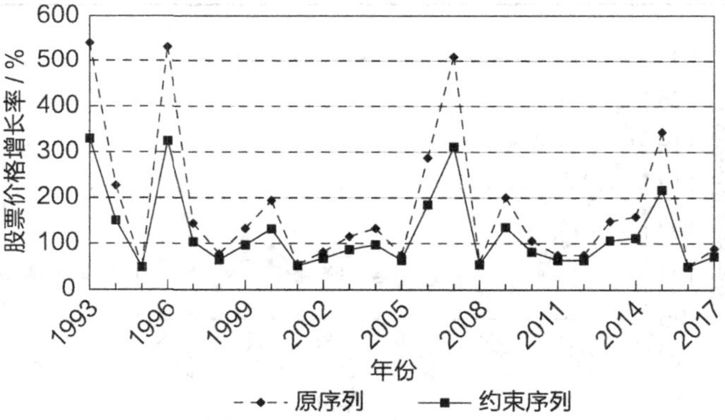

图4–3　*GP* 与 SP^c

（3）居民收入实际增长率的约束标准。

在任何情况下，都不能忽视居民收入水平的提高，必须保证人民社会福利保障，经济发展的最终目的应是满足人民的生活需求。“十四五”规划中明确提出：坚持居民人均可支配收入增长与国内生产总值增长基本同步。

计算得到1992—2017年的GDP总量增长倍数为30.42，按照同步增长的要求，可以认为2017年居民人均可支配收入应该是1992年的30.42倍，从而计算得到2017年居民人均可支配收入的目标值为34 223.54元。根据转化算子计算目标值下的收入约束序列 DI^c，其中约束标准最大值为目标值 $\max(DI^c)$=34 223.54，约束标准最小值等于原序列最小值，是 1992 年居民人均可支配收入。

得到 1992—2017 年居民人均可支配收入的约束序列 DI^c 后，计算其增长率，并用各年 CPI 指数平减，最后获得 1993—2017 年居民收入实际增长率的约束序列 DIs^c，如表 4–4 所示。新序列的水平普遍高于原序列，这是为了使居民人均可支配收入达到和经济增长一致的水平，符合国家宏观政策目标。用转换算子调整后的序列 DI 如图 4–4 所示。

表 4–4　居民收入实际增长率的序列基本信息　　单位：%

居民收入实际增长率（1993—1997 年）	均值	标准差	最大值	最小值
原序列	109.16	1.91	113.36	106.12
约束序列	110.23	2.25	114.98	106.83

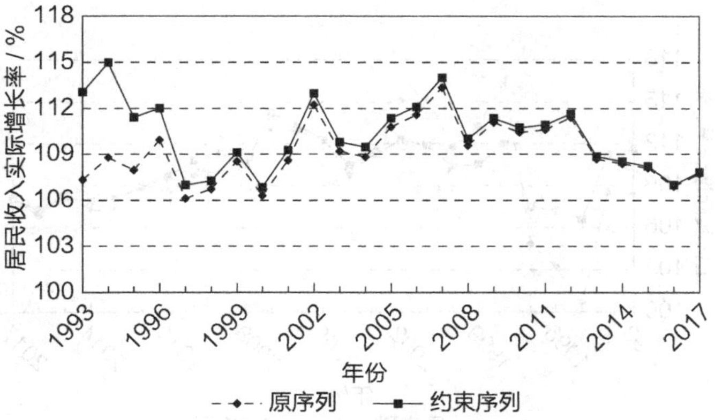

图 4–4　DI 与 DI^C

2. 理论法

（1）工资实际增长率的约束标准。

工资代表劳动力价格，属于要素价格。卡尔多（Kaldor）指出在经济均衡增长中劳动报酬占比是稳定的。纪明[1]认为在经济均衡增长路径上，工资和人均 GDP 增速应该相同。本书参考“特征事实”理论和纪明的主张，设定工资实际增长率的约束标准是工资实际增长率与人均 GDP 指数一致，或者说工资实际增长率与人均 GDP 的偏离程度较小。

---

[1] 纪明．均衡增长的中国经济：要素价格扭曲、回归及效应［J］．社会科学，2015（1）：55–62.

首先，用工资实际增长率和人均 GDP 指数的差表示工资实际增长率的偏离程度：工资偏离程度 =*Wages*– 人均 GDP 指数。其次，对 1993—2017 年的偏离值进行调整，设定其均衡范围是一个标准差范围，通过转换算子得到调整后的偏离值序列。最后，工资实际增长率的约束值 $Wages^c$ 就等于调整后的偏离值加人均 GDP 指数，如表 4–5 所示。转换算子调整后的序列 $Wages^c$ 如图 4–5 所示。

表 4–5　工资的序列基本信息

单位：%

变量	序列	均值	标准差	最大值	最小值
工资偏离程度	原序列	0.99	4.20	9.68	–9.16
	约束序列	1.31	1.87	5.18	–3.21
工资实际增长率	原序列	109.81	3.76	116.48	100.64
	约束序列	110.14	2.09	114.25	106.59

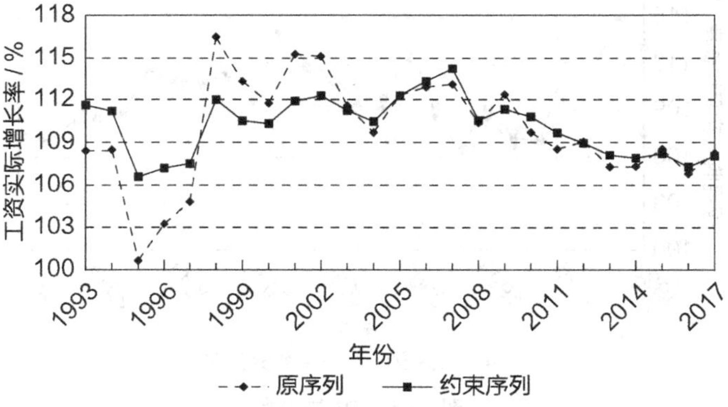

图 4–5　*Wages* 和 $Wages^c$

（2）资本存量实际增长率的约束标准。

人口、土地和资本是三大生产物质要素，从我国当前供给侧状况来看，人口红利逐渐消失的背景下，为保持经济均衡增长，需要保证资本存量稳定增长，并将资本产出比维持在稳定水平。

资本存量与产出的比值被称为资本产出比，是衡量经济发展水平的重要指标。萨缪尔森认为在均衡增长中，经济系统的资本产出比是守恒量。索洛在增长模型中设定资本产出比是常量。卡尔多（Kaldor）总结出经济增长的“特征事实”：劳动和资本要素在产出中的占比是稳定的，物质资本产出比是稳定的，人均物质资本持续增长。很多学者也肯定了这一结论在中国的适用性，如张烨卿[1]、王弟海和龚六堂[2]、江三良和李攀[3]等。可见，不论经济理论还是经济增长的事实经验，都有这样的统一结论：在均衡经济增长路径上，资本产出比是稳定不变的，即资本存量与总产出应同步增长。我们基于不变的资本产出比对我国资本存量时间序列施加约束。

第一步，估算我国1993—2017年的均衡资本产出比。采用柯布道格拉斯（Cobb-Douglas）生产函数进行动态最优规划方法推导，均衡的资本产出比为

$$\frac{K}{Y}=\frac{K(t)}{A(t)K(t)^{\alpha}L(t)^{1-\alpha}}=\frac{\alpha}{\rho+\theta\dfrac{TFP}{1-\alpha}} \qquad (4\text{–}23)$$

式（4–23）来自张烨卿[4]，$A(t)$、$K(t)$、$L(t)$是动态的技术进步率、资本投入和劳动力投入，TFP是全要素生产率，ρ是主观贴现率，θ是相对风险规避系数，α是资本产出弹性。根据式（4–23）可以估算我国1993—2017年的均衡资本产出比，从而对资本存量序列施加约束，这就需要给定式（4–23）中各参数的合理数值。

技术进步率TFP通过生产函数法测算，为了更好地计算资本产出比的均衡值，采用滤波后的趋势全要素生产率TFP_{HP}作为TFP的估计值（1993—2017年TFP_{HP}见表3–4）。资本产出弹性α也通过生产函数法估计，$\hat{\alpha}=0.72$，全要素生产率和资本产出弹性的具体测算过程见第三章第二节。

主观贴现率ρ是动态规划中用于消费函数的参数，表示个人的未来消费或收入转化为在当期的价值的参数。我们取$\rho=0.95$，根据王弟海、龚六堂[5]的估计，中国的主观贴现率取0.95比较符合高储蓄率的经济现实。

相对风险规避系数θ，也称相对风险厌恶系数，表示消费者对风险的厌恶程

[1] 张烨卿. 资本形成、内生技术进步与中国经济持续增长——基于资本产出比视角的实证研究［J］. 经济科学，2006（6）：31–40.

[2] 王弟海，龚六堂. 增长经济中的消费和储蓄——兼论中国高储蓄率的原因［J］. 金融研究，2007（12）：1–16.

[3] 江三良，李攀. 资本产出比、技术进步率与经济增长［J］. 经济与管理评论，2016，32（4）：14–19.

[4] 张烨卿. 资本形成、内生技术进步与中国经济持续增长——基于资本产出比视角的实证研究［J］. 经济科学，2006（06）：31–40.

[5] 王弟海，龚六堂. 增长经济中的消费和储蓄——兼论中国高储蓄率的原因［J］. 金融研究，2007（12）：1–16.

度，代表经济主体在不同经济状态下的投资意愿。一般认为相对风险规避系数的合理范围为0~10。梁莹、袁毅贤[1]基于资本资产定价模型的估计结果是3.468的相对风险厌恶系数。王晟、蔡明超[2]通过问卷调查中国居民投资行为对中国居民风险厌恶系数的估计结果区间为3~6。郑晓亚[3]对我国1992—2012年的股票风险溢价进行估计，计算得到强假设下相对风险厌恶系数是6.083（月度数据）和10.061（年度数据）。刘俊玮等[4]基于消费维度估计相对风险厌恶系数的下界值是3.24（月度数据）和11.88（年度数据）。综合多个学者的研究，本书选取θ=6作为长期中的我国相对风险规避系数。

将TFP、α、ρ、θ代入式（4–23）中，得到我国1993—2017年的均衡资本产出比序列K^{e}_{ratio}，计算其均值后，均衡资本产出比为$\bar{K}^{e}_{\text{ratio}}=0.67$，$K_{\text{ration}}$表示资本产出的比率。

第二步，根据均衡资本产出比对资本存量施加约束，具体过程如下：

首先，计算1978年价的GDP，用1978年名义GDP乘以1978年为基期的各年GDP指数得到各年1978年价的GDP，并用1978年价的资本存量比1978年价GDP，得到1992—2017年资本产出比K_{ratio}。然后，以均衡资本产出比$\bar{K}^{e}_{\text{ratio}}=0.67$作为均值求资本产出比序列$K_{\text{ratio}}$偏离均衡资本产出比的标准差（$\sigma$=0.82），约束资本产出比序列的最大值为均衡资本产出比加一个标准差max（K^{c}_{ratio}）=1.53，最小值不变，均衡约束最大值计算公式为

$$\max(K^{c}_{\text{ratio}})=\bar{K}^{e}_{\text{ratio}}+\sqrt{\frac{\sum_{t=1}^{T}(K_{\text{ratio},t}-\bar{K}^{e}_{\text{ratio}})^{2}}{T-1}} \quad (4\text{–}24)$$

根据转化算子计算约束后的资本产出为比K^{c}_{ratio}，再用GDP乘以K^{c}_{ratio}得到资本存量的约束序列，最后计算出资本存量实际增长率的约束序列Ks^{c}，如表4–6

---

[1] 梁莹，袁毅贤．相对风险规避系数与中国股权溢价之谜［J］．特区经济，2007（2）：109–111.

[2] 王晟，蔡明超．中国居民风险厌恶系数测定及影响因素分析——基于中国居民投资行为数据的实证研究［J］．金融研究，2011（8）：192–206.

[3] 郑晓亚．股权风险溢价之谜的中国例证——基于标准C–CAPM模型的实证研究［J］．湖南财政经济学院学报，2014，30（2）：137–146.

[4] 刘俊玮，王一鸣，宁叶．选择偏差与股权溢价之谜——中国股票市场的风险厌恶程度测算［J］．证券市场导报，2017（7）：25–33.

和图 4–6 所示。

表 4–6　资本存量相关变量的序列基本信息　　单位：%

变量	序列	均值	标准差	最大值	最小值
资本产出比	原序列	1.35	0.43	2.18	0.83
	约束序列	1.10	0.22	1.53	0.83
资本存量实际增长率	原序列	113.33	3.60	119.57	105.15
	约束序列	112.04	2.14	115.98	108.61

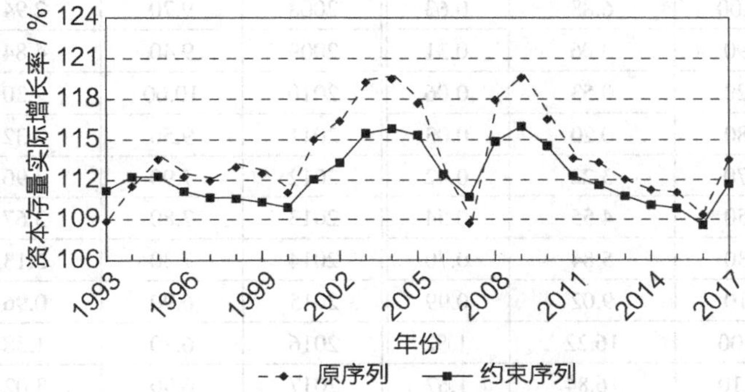

图 4–6　*Ks* 和 Ks^c

3. 合理弹性法

（1）能源消费增长率的约束标准。

《国家能源发展战略行动计划（2014—2020）》的发布会议上，习近平总书记明确指出要推动能源生产、消费、技术与法制革命，要抑制不合理能源消费。可见，合理的能源消费弹性系数是发展的要求和均衡的基本。能源消费与经济增长的关系可以表示为能源消费弹性系数 ε_t，方程为

$$\varepsilon_t = \frac{ec_t}{g_t} = \frac{\Delta EC_t / EC_t}{\Delta G_t / G_t} = \frac{\Delta EC_t / \Delta G_t}{EC_t / G_t} \tag{4–25}$$

其中，EC_t 和 G_t 是能源消费量和国内生产总值，ΔEC_t 和 ΔG_t 是能源消费量和国内生产总值增量。ec_t 是能源消费增长速度，g_t 是 GDP 实际增速。从公式中，可以发现能源消费弹性系数还可以表示为边际产值能耗与单位产值能耗的比值。由表 4–7 可知，在 1993—2017 年的 26 年中，能源消费弹性系数有 3 年大于 1（2003—2005 年），其余年份小于 1。能源消费弹性系数大于 1 说明能源消费增长

快于经济增长，也说明本年的单位GDP能耗比上一年更大。一般来说，经济如果要保持持续增长，增长效益应该是不断提高，能源消费弹性系数应该保持小于1的水平。

表 4–7 我国能源消费弹性系数

年份	g_t / %	ec_t / %	ε_t	年份	g_t / %	ec_t / %	ε_t
1993	13.90	6.25	0.45	2006	12.70	9.60	0.76
1994	13.00	5.81	0.45	2007	14.20	8.72	0.61
1995	11.00	6.88	0.63	2008	9.70	2.94	0.30
1996	9.90	3.06	0.31	2009	9.40	4.84	0.51
1997	9.20	0.53	0.06	2010	10.60	7.30	0.69
1998	7.80	0.20	0.03	2011	9.50	7.32	0.77
1999	7.70	3.22	0.42	2012	7.90	3.90	0.49
2000	8.50	4.55	0.54	2013	7.80	3.67	0.47
2001	8.30	5.84	0.70	2014	7.30	2.13	0.29
2002	9.10	9.02	0.99	2015	6.90	0.96	0.14
2003	10.00	16.22	1.62	2016	6.70	1.38	0.21
2004	10.10	16.84	1.67	2017	6.90	3.02	0.44
2005	11.40	13.50	1.18	—	—	—	—

因此，通过约束能源消费弹性系数来约束能源消费增长率。首先，设定能源消费弹性系数最大值为1，最小值不变。然后利用转化算子，计算能源消费弹性系数的约束序列 ε^c。最后，反推出能源消费增长率的约束序列 ECs^c，如表4–8所示。

表 4–8 能源消费相关变量的序列基本信息

变量	序列	均值	标准差	最大值	最小值
能源弹性系数	原序列	0.59	0.42	1.67	0.03
	约束序列	0.36	0.25	1.00	0.03
能源消费增长率	原序列 / %	105.91	4.50	116.84	100.20
	约束序列 / %	103.61	2.68	110.1	100.20

（2）环境污染指数的约束标准。

工业快速发展带来的环境问题目前在中国逐步出现，已经成为当前经济可持续发展的“瓶颈”。与能源消费类似，环境污染排放量与经济增长的关系也可以表示成弹性系数

$$\eta_t=\frac{ep_t}{g_t}=\frac{\Delta EP_t / EP_t}{\Delta G_t / G_t} \tag{4-26}$$

ep_t 是污染排放量增速，EP_t 和 G_t 是二氧化硫排放量和国内生产总值，ΔEP_t 和 ΔG_t 是二氧化硫排放量增量和国内生产总值 增量，g_t 是 GDP 实际增速。我国环境污染弹性系数（η_t）计算结果如表 4–9 所示。

表 4–9　我国环境污染弹性系数

年份	ep_t / %	g_t / %	η_t	年份	ep_t / %	g_t / %	η_t
1993	6.71	13.90	0.48	2006	1.57	12.70	0.12
1994	1.50	13.00	0.12	2007	–4.67	14.20	–0.33
1995	29.86	11.00	2.71	2008	–5.96	9.70	–0.61
1996	–17.89	9.90	–1.81	2009	–4.61	9.40	–0.49
1997	16.44	9.20	1.79	2010	–1.31	10.60	–0.12
1998	–7.72	7.80	–0.99	2011	1.51	9.50	0.16
1999	–11.19	7.70	–1.45	2012	–4.51	7.90	–0.57
2000	7.43	8.50	0.87	2013	–3.49	7.80	–0.45
2001	–2.41	8.30	–0.29	2014	–3.42	7.30	–0.47
2002	–1.08	9.10	–0.12	2015	–5.83	6.90	–0.84
2003	12.05	10.00	1.20	2016	–40.67	6.70	–6.07
2004	4.49	10.10	0.45	2017	–20.63	6.90	–2.99
2005	13.04	11.40	1.14	—	—	—	—

由表 4–9 可知，1993—2017 年，有 15 年环境污染弹性系数小于 0，说明这 15 年的污染排放量比前一年有所减少；有 4 年环境污染弹性系数大于 1，最大甚至达到 2.71，这 4 年的污染排放量比前一年更大。环境污染弹性系数大于 1 说明环境污染排放量增速大于经济增长，在经济均衡增长中，这是不合理的。于是，约束弹性系数最大值为 1，并用转化算子调整，计算环境污染弹性系数的约束序列 η^c。最后，反推出环境污染指数的约束序列 EPs^c（如表 4–10）。

表 4–10　环境污染指数相关变量的序列基本信息

变量	序列	均值	标准差	最大值	最小值
环境弹性系数	原序列	–0.34	1.66	2.71	–6.07
	约束序列	–1.46	1.34	1.00	–6.07
环境污染指数	原序列 / %	98.37	13.37	116.84	59.33
	约束序列 / %	87.34	9.85	110.1	59.33

二、变量的滤波处理

用于模型估计之前，一个重要的技术处理就是对所有变量进行滤波，这是宏观经济学的经典方法，把经济运行看作是长期增长和短期波动的组合，分析问题时区分长期关系和短期因素，而长期关系就是经济增长的均衡关系。MBRM 模型就是对经济运行中均衡关系的研究，所以进行滤波是非常必要的一个步骤。

滤波处理的对象是除了产出缺口的所有变量，包括没有进行约束的变量和设定约束的变量。滤波方法选择 *HP* 滤波法，在参数 λ 的选择上，参考拉文（Ravn）和乌利格（Uhlig）[1] 的结论，年度数据应取 λ=6.25。汤铎铎[2] 对中国 35 个年度宏观序列滤波后指出 λ=6.25 的取值下各序列交叉相关系数的差异比较合理。张连城、韩蓓[3] 认为 λ=6.25 的滤波器能更好地刻画结构变动，应结合经济理论和经济实际运行对各序列结合使用不同大小的滤波器。余玲玲、程建华[4] 也采用 λ=6.25 测算经济适度增长区间。鉴于上述思考，本书采取以 λ=6.25 为主，多种取值的 λ 滤波器结合的 *HP* 滤波法，如表 4–11 所示。滤波后的序列用下标形式 X_{HP} 表示，是变量的趋势序列，见附录五、附录六和附录七。

表 4–11 各变量的滤波器选择

变量	趋势序列符号	λ	约束	变量	趋势序列符号	λ	约束
经济增长率	$GDPs_{HP}$	6.25	否	能源消费增长率	ECs^c_{HP}	6.25	是
投资实际增长率	FIs_{HP}	6.25	否	环境污染指数	EPs^c_{HP}	6.25	是
固定资产投资价格指数	FIP_{HP}	6.25	否	股票价格增长率	SPs^c_{HP}	6.25	是
居民消费水平指数	HCs_{HP}	6.25	否	居民消费价格指数	CPI^c_{HP}	6.25	是
滞后一期居民消费水平指数	$HCs(-1)_{HP}$	6.25	否	居民收入实际增长率	DIs^c_{HP}	6.25	是
出口增长率	EXs_{HP}	6.25	否	滞后一期居民收入实际增长率	$DIs(-1)^c_{HP}$	6.25	是

---

❶ RAVN M，UHLIG H. On Adjusting the HP-Filter for the Frequency of Observations［J］. Review of Economics and Statistics，2002：371–376.

❷ 汤铎铎 . 三种频率选择滤波及其在中国的应用［J］. 数量经济技术经济研究，2007（9）：144–156.

❸ 张连城，韩蓓 . 中国潜在经济增长率分析——HP 滤波平滑参数的选择及应用［J］. 经济与管理研究，2009（3）：22–28，86.

❹ 余玲玲，程建华 . 我国经济适度增长环境下的通货膨胀区间估计［J］. 统计与决策，2015（19）：121–124.

续表

变量	趋势序列符号	λ	约束	变量	趋势序列符号	λ	约束
房地产价格增长率	$REPs_{HP}$	6.25	否	滞后一期工资实际增长率	$Wages^{c}_{HP}$	4	是
汇率	E_{HP}	6.25	否	滞后一期工资实际增长率	$Wages\ (-1)^{c}_{HP}$	4	是
利率	R_{HP}	6.25	否	外汇储备增长率	$FERs_{HP}$	10	否
基尼系数	GI_{HP}	6.25	否	第二产业增加值比重	DIP_{HP}	15	否
货币供应量增长率	$M2s_{HP}$	6.25	否	资本存量实际增长率	Ks^{c}_{HP}	20	是
财政收入增长率	FIs_{HP}	6.25	否	贷款增长率	BLs_{HP}	50	否

第五节　中国经济增长多维均衡关系模型的估计

一、估计方法选择

联立方程模型的估计方法可以分为两类：一是单方程估计方法，又称有限信息法，主要包括普通最小二乘法（OLS）、间接最小二乘法（ILS）和两阶段最小二乘法（2SLS）；二是系统估计方法，又称完全信息法，主要包括三阶段最小二乘法（3SLS）、广义矩估计法（GMM）。单方程法是逐个估计的，估计时不考虑对其他方程的约束，而系统估计法同时估计模型中的全部方程并同时决定所有结构参数的估计值，考虑到了因某些变量被排除而对整个方程组的约束。

最常用的估计方法是 2SLS 和 3SLS。2SLS 法应用于恰好识别方程的估计，基本思路是将所有外生变量结合起来，用每个内生变量对所有外生变量回归，回归估计值作为工具变量并进行工具变量法估计。3SLS 法基本思路是第一步用 2SLS 法估计联立方程模型的每个结构方程并产生方程的残差，第二步用残差估计模型中各扰动项的协方差矩阵，第三步是将所有估计的方程同时应用广义最小二乘法估计。3SLS 法的思想是利用所有信息包括全部先决变量和结构方程信息，同时估计联立方程中的所有结构方程，也称“完全信息估计法”，其估计结果是一致估计量，且渐进有效性优于 2SLS 法。考虑到这些，本书在估计方法上选取三阶段最小二乘估计法。

二、模型估计结果

各变量的趋势序列代入模型，使用 3SLS 法进行联立方程模型求解，得到一套系数，由于变量都是采用趋势序列，所以模型估计结果我们称为“多维均衡系数”。系数结果如下。

1.GDP 模块

GDP 方程为

$$\begin{aligned}\hat{GDPs} &= -29.89 + 0.04Ks + 0.34Wages + 0.50BLs + 0.42ECs - 0.04EPs \\ &\quad (-10.97^{***})(2.66^{***})\ (40.97^{***})\ (42.42^{***})\ (45.91^{***})\ (-18.32^{***})\end{aligned} \tag{4-27}$$

其中，系数下的括号中是 t 统计量，***、**、* 分别代表系数在显著性水平 0.01、0.05、0.1 的情况下通过检验（后文同）。从模型的基本情况看，系数均通过显著性检验。在 GDP 方程的均衡关系中，工资实际增长率对 GDP 增长率的影响系数 0.34 大于资本存量对 GDP 的影响系数 0.04；能源消费增长率的影响系数为 0.42，可见我国处于能源高需求阶段，在这一阶段能源需求是刚性的；环境污染指数对经济增长率的影响系数 -0.04，可知环境污染对经济增长是负向影响；贷款增长率对 GDP 的影响系数是 0.50，证明了银行信贷对经济增长的促进作用。

2. 供给模块

资本存量方程为

$$\begin{aligned}\hat{Ks} &= 83.56 + 0.25FIs \\ &\quad (263.67^{***})\ (97.96^{***})\end{aligned} \tag{4-28}$$

工资方程为

$$\hat{Wages} = 23.16 - 0.35CPI + 0.70GDPs + 0.41Wages(-1) \quad (4\text{–}29)$$
$$(9.17^{***})\ (-32.41^{***})\ (23.97^{***})\quad (19.61^{***})$$

由于等式两边的变量都是增长率形式，所以系数可以看作弹性。在式（4–28）中，投资增长率对资本存量实际增长率的影响是正向的、显著的，弹性系数是 0.25。在式（4–29）中，工资实际增长率的影响因素里，经济增长率的弹性系数最大（0.70），其次是滞后一期工资实际增长率（0.41），可见工资实际增长率具有价格刚性，惯性影响比较显著，同时居民消费价格指数 CPI 对工资实际增长率的负向影响（–0.35），说明通货膨胀会降低工资的实际增长速度，不利于居民福利。

3. 需求模块

消费方程为

$$\hat{HCs} = 5.17 + 0.35DIs - 0.14CPI + 0.73HCs(-1) \quad (4\text{–}30)$$
$$(2.34^{**})(13.67^{***})\ \ (-15.88^{***})\ \ (29.96^{***})$$

投资方程为

$$\hat{FIs} = -195.45 - 3.27R + 2.30GDPs + 0.69M2s \quad (4\text{–}31)$$
$$(-11.85^{***})(-42.75^{***})\ (14.27^{***})\ (21.09^{***})$$

模块中，各系数均通过显著性检验，说明解释变量对被解释变量具有显著线性影响。由消费方程式（4–30）可知，对居民消费水平指数影响最大的是滞后一期居民消费水平指数（0.73），说明我国居民的消费具有棘轮效应，消费习惯具有很强的惯性。除此之外，居民消费水平指数还受到居民消费价格指数 CPI 的负向影响（–0.14）和居民收入实际增长率的正向影响（0.35）。由投资方程式（4–31）可知，经济增长率和货币供应量增长率对投资实际增长率是显著正效应，系数分别为 2.30 和 0.69，利率对投资实际增长率是显著负效应，系数为 –3.27。

4. 能源与环境模块

能源方程为

$$\hat{ECs} = 11.07 + 0.85GDPs \quad (4\text{–}32)$$
$$(0.87)\quad (7.28^{***})$$

环境方程为

$$\hat{EPs} = -4.09 - 0.41GDPs + 3.00SIPs \quad (4\text{–}33)$$
$$(-0.18)\ (-1.88^{*})\quad (45.97^{***})$$

除了截距项，模块中各系数都通过显著性检验，结合 GDP 方程估计结果可知，能源、环境与经济增长有双向因果关系。在能源方程式（4–32）中，经济增长率对能源消费增长率的显著影响是正向的，系数为 0.85。在环境方程式（4–33）中，经济增长率对环境污染指数是负向影响，系数为 -0.41，说明在我国经济均衡状态，环境污染指数与经济增长率符合环境库茨涅兹 EKC 曲线的下降阶段，这一结论与邹庆等[1]看法一致，他认为在均衡阶段环境污染排放量与经济发展是负向的协调关系；第二产业比重对环境污染指数是正向显著影响，系数为 3.00，说明第二产业比重越大，环境污染越严重。

5. 金融模块

货币供应量方程为

$$M\hat{2}s = -144.90 + 1.54GDPs + 1.68R - 0.06SPs + 0.88CPI \quad (4\text{–}34)$$
$$(-16.56^{***})\ (22.28^{***})\ (25.30^{***})\ (-21.01^{***})\ (18.94^{***})$$

贷款方程为

$$\hat{BLs} = 113.68 + 0.74M2s - 0.32R - 0.76GDPs \quad (4\text{–}35)$$
$$(19.71^{***})\ (34.38^{***})\ (-6.16^{***})\ (-13.68^{***})$$

利率方程为

$$\hat{R} = -35.80 + 0.17M2s + 0.21CPI \quad (4\text{–}36)$$
$$(-22.51^{***})\ (20.83^{***})\ (14.63^{***})$$

房地产价格方程为

$$R\hat{E}Ps = -35.29 + 0.17FIs - 0.45R + 0.32BLs + 0.88FIP \quad (4\text{–}37)$$
$$(-6.45^{***})\ (9.37^{***})\ (-4.55^{***})\ (5.21^{***})\ (28.82^{***})$$

股票价格方程：

$$\hat{SPs} = -1435.72 + 5.68GDPs + 8.01BLs \quad (4\text{–}38)$$
$$(-10.28^{***})\ (4.59^{***})\quad (14.79^{***})$$

---

[1] 邹庆，陈迅，吕俊娜．我国经济增长与环境协调发展研究——基于内生增长模型和 EKC 假说的分析［J］．中央财经大学学报，2014（09）：89–97.

模块中各系数均通过显著性检验，表明各方程的解释变量对被解释变量的影响均显著。货币主义认为，通货膨胀是一种货币现象，汤铎铎[1]证实中国的货币增长在长期与通货膨胀率高度相关，这与我们的估计结果一致，在货币供应量方程（4–34）中，CPI 对货币供应量增长率有显著正向影响（0.88），说明通货膨胀率越高，货币供应量增长越快。根据货币供应量方程（4–34）和利率方程（4–36），货币供应量和利率具有双向正效应，利率对货币供应量增长率的影响系数为 1.68，货币供应量增长率对利率的影响系数是 0.17。由房地产价格方程（4–37）可知，银行贷款增长率对房地产价格增长率的影响是显著的，系数为 0.32，说明信贷对房价的影响渠道比较畅通，信贷规模与房地产之间具有长期正向互动关系。在股票价格方程（4–38）中，经济增长率和银行贷款增长率的系数为正且通过显著性检验，说明股票价格受到经济增长和银行信贷的共同正向推动作用。

6. 收入模块

收入方程为

$$\hat{DIs} = 12.96 + 0.49GDPs + 0.39DIs(-1) \quad (4\text{–}39)$$
$$(4.38^{***})\ (18.16^{***})\ \ (24.55^{***})$$

基尼系数方程为

$$\hat{GI} = -1.28 + 0.03DIs - 0.01CPI - 0.01FRs \quad (4\text{–}40)$$
$$(-27.63^{***})(74.67^{***})\ (-46.42^{***})(-61.08^{***})$$

模块中各系数均通过显著性检验。由收入方程（4–39）可知，经济增长率对居民可支配收入增长率的影响系数是 0.49，滞后一期居民可支配收入增长率对本期居民可支配收入增长率的影响系数是 0.39，可见居民可支配收入随着经济增长而提高，且具有惯性。基尼系数方程（4–40）中，基尼系数受到居民可支配收入增长率的正效应（0.03）和 CPI 的负效应（–0.01）、财政收入增长率的负效应（–0.01），说明财政收入对调节居民收入差距有一定效果，并且居民收入增长越快，收入差距越大。

---

[1] 汤铎铎．三种频率选择滤波及其在中国的应用［J］．数量经济技术经济研究，2007（9）：144–156.

7. 财政模块

财政收入方程为

$$\hat{FRs} = -68.16 + 1.28GDPs - 0.23DIs + 1.56SIPs \quad (4\text{-}41)$$
$$(-13.49^{***})\ (21.78^{***})\ \ (-3.99^{***})\ \ (103.28^{***})$$

财政收入方程（4–41）中各系数都通过显著性检验，表明财政收入不仅受经济增长率和代表经济结构的第二产业增加值比重的影响，弹性系数分别是 1.28 和 1.56，还受到居民可支配收入的显著负向影响（–0.23），但是相对力度较小。其中，第二产业比重对财政收入增长率的影响最大。

8. 物价模块

物价方程为

$$\hat{CPI} = 25.42 + 0.13M2s + 0.60FIP + 0.14GAP \quad (4\text{-}42)$$
$$(10.91^{***})\ (6.70^{***})\ \ (20.89^{***})\ \ (15.69^{***})$$

模块中各系数都通过显著性检验。由物价方程（4–42）可知，在我国，产出缺口是影响居民消费价格指数的重要因素，系数为 0.14，产出缺口越大，通货膨胀越高，而产出缺口越小或者负缺口时，价格水平会下降甚至通货紧缩；同为价格指数的固定资产投资价格指数（FIP）与居民消费价格（CPI）有长期正向的均衡互动关系，前者对后者的影响系数是 0.60；货币供应量增长率也对 CPI 有显著正向影响，系数为 0.13。

9. 外贸模块

出口方程为

$$\hat{EXs} = -359.37 + 3.12GDPs + 0.05E + 0.91CPI \quad (4\text{-}43)$$
$$(-17.24^{***})\ \ (18.19^{***})\ \ (60.53^{***})\ (14.59^{***})$$

外汇储备方程为

$$\hat{FERs} = -64.69 + 1.39EXs + 0.01E + 2.85R \quad (4\text{-}44)$$
$$(-26.25^{***})\ (60.76^{***})\ (4.10^{***})\ (13.32^{***})$$

模块中各系数均通过显著性检验。在出口方程（4–43）中，经济增长率对出口增长率的影响较大，系数是3.12，弹性系数大于1，说明富有弹性，即出口对经济增长的变动有较敏感的反映；汇率对出口的弹性是0.05，系数较小，表明影响程度较弱（这一结果与高铁梅等❶一致）。外汇储备方程（4–44）中，外汇储备增长率不仅受到出口和汇率的正向影响，对利率调整也反映良好，系数为2.85。

第六节 中国经济增长多维均衡关系模型的检验

联立方程组的检验包括两个方面，单个结构方程检验和总体模型的检验。单个结构方程检验主要包括经济意义检验、统计检验和预测检验等，总体模型的检验主要是拟合效果检验、预测性能检验、方程间误差传递检验等。本书的检验也从单个结构方程检验和总体模型的检验两个方面进行。

一、单个结构方程检验

单个结构方程检验上，本书采用经济意义检验和统计检验。在上一节模型估计结果中，我们在展示模型估计结果时已经对各结构方程中的系数经济意义进行确认和检验，其结果都符合经济意义。统计检验主要是各方程拟合优度的检验和方程中各个参数的 t 检验。

表4–12列出各个结构方程的参数检验结果。由表4–12可知，18个结构方程中有68个参数，其中，除了能源方程和环境方程的截距项外的所有参数均通过0.05的显著性水平下的 t 检验，并且大部分参数通过0.01显著性水平下的检验。

❶ 高铁梅，梁云芳，何光剑．中国季度宏观经济政策分析模型——对宏观经济政策效应的模拟分析[J]．数量经济技术经济研究，2007（11）：3–14.

表 4–12 单个结构方程参数检验结果

方程	α	估计值	t 统计量	P 值	方程	α	估计值	t 统计量	P 值
GDP 方程	1	−29.89	−10.97	0.00	利率方程	35	−35.80	−22.51	0.00
	2	0.04	2.66	0.01		36	0.17	20.83	0.00
	3	0.34	40.97	0.00		37	0.21	14.63	0.00
	4	0.50	42.42	0.00	房地产价格方程	38	−35.29	−6.45	0.00
	5	0.42	45.91	0.00		39	0.17	9.37	0.00
	6	−0.04	−18.32	0.00		40	−0.45	−4.55	0.00
资本存量方程	7	83.56	263.67	0.00		41	0.32	5.21	0.00
	8	0.25	97.96	0.00		42	0.88	28.82	0.00
工资方程	9	23.16	9.17	0.00	股票价格方程	43	−1435.72	−10.28	0.00
	10	−0.35	−32.41	0.00		44	5.68	4.59	0.00
	11	0.70	23.97	0.00		45	8.01	14.79	0.00
	12	0.41	19.61	0.00	收入方程	46	12.96	4.38	0.00
消费方程	13	5.17	2.34	0.02		47	0.49	18.16	0.00
	14	0.35	13.67	0.00		48	0.39	24.55	0.00
	15	−0.14	−15.90	0.00	基尼系数方程	49	−1.28	−27.63	0.00
	16	0.73	30.05	0.00		50	0.03	74.67	0.00
投资方程	17	−195.45	−11.85	0.00		51	−0.01	−46.42	0.00
	18	−3.27	−42.75	0.00		52	−0.01	−61.08	0.00
	19	2.30	14.27	0.00	财政收入方程	53	−68.16	−13.49	0.00
	20	0.69	21.09	0.00		54	1.28	21.78	0.00
能源方程	21	11.07	0.87	0.38		55	−0.23	−3.99	0.00
	22	0.85	7.28	0.00		56	1.56	103.28	0.00
环境方程	23	−4.09	−0.18	0.86	物价方程	57	25.42	10.91	0.00
	24	−0.41	−1.88	0.06		58	0.13	6.70	0.00
	25	3.00	45.98	0.00		59	0.60	20.89	0.00
货币供应量方程	26	−144.90	−16.56	0.00		60	0.14	15.69	0.00
	27	1.54	22.28	0.00	出口方程	61	−359.37	−17.24	0.00
	28	1.68	25.30	0.00		62	3.12	18.19	0.00
	29	−0.06	−21.01	0.00		63	0.05	60.53	0.00
	30	0.88	18.94	0.00		64	0.91	14.59	0.00
贷款方程	31	113.68	19.71	0.00	外汇储备方程	65	−64.69	−26.25	0.00
	32	0.74	34.38	0.00		66	1.39	60.76	0.00
	33	−0.32	−6.16	0.00		67	0.01	4.10	0.00
	34	−0.76	−13.68	0.00		68	2.85	13.32	0.00

表 4–13 列出各个结构方程的参数检验结果。由表 4–13 可知，18 个结构方

程的拟合检验中，15 个方程的 R^2 都大于 0.80，说明联立方程中 83% 的方程拟合效果都良好，即解释变量能够较好诠释被解释变量的变动。可见，各结构模型不仅符合经济意义，而且均通过统计检验。

表 4–13　单个结构方程拟合优度检验结果

方程	R^2	调整 R^2	方程	R^2	调整 R^2
GDP 方程	0.98	0.97	房地产价格方程	0.92	0.9
资本存量方程	0.81	0.80	收入方程	0.95	0.94
工资方程	0.96	0.95	基尼系数方程	0.92	0.91
消费方程	0.97	0.97	能源方程	0.41	0.39
投资方程	0.86	0.84	环境方程	0.76	0.74
货币供应量方程	0.98	0.98	财政收入方程	0.97	0.97
贷款方程	0.91	0.90	物价方程	0.91	0.90
利率方程	0.85	0.84	出口方程	0.82	0.79
股票价格方程	0.79	0.76	外汇储备方程	0.92	0.91

二、总体模型检验

总体模型检验，本书选择拟合效果检验。拟合效果检验的基本过程是：联立方程模型估计结果得到后，将全部先决变量的实际样本值代入模型，再次估计模型，然后得到各内生变量估计值，用估计值与实际值构造统计量，以检验总体模型的拟合优度。其中，检验统计量的构造我们选择“均方百分比误差（*RMS*）”，为

$$RMS_i=\sqrt{\sum_{t=1}^{T}e_{it}^2/T},\quad e_{it}=(y_{it}-\hat{y}_{it})/y_{it} \qquad (4\text{–}45)$$

当 $RMS_i=0$ 时，表明第 i 个内生经济变量估计值与观测值程完全拟合。当 $RMS_i<5\%$ 的变量个数在所有变量中占 70% 以上时，可以认为模型系统总体拟合效果较好。表 4–14 是 MBRM 模型的拟合效果检验结果。由表 4–14 可知，18 个经济变量中，仅有 2 个变量（利率，股票价格增长率）的均方百分比误差大于 5%，其余 16 个变量的均方百分比误差都小于 5%，所以 *RMS* 小于 5% 的变量个数占比为 89%，可以认为模型整体拟合效果很好。

表 4–14　模型整体拟合效果检验结果

变量	RMS_i	变量	RMS_i
经济增长率	0.23	房地产价格增长率	0.92
资本存量实际增长率	0.55	居民收入实际增长率	0.33
工资实际增长率	0.31	基尼系数	1.50
居民消费水平指数	0.16	能源消费增长率	1.56
投资实际增长率	1.85	环境污染指数	3.01
货币供应量增长率	0.60	财政收入增长率	0.66
贷款增长率	0.68	CPI	0.82
利率	8.75	出口增长率	3.48
股票价格增长率	14.07	外汇储备增长率	4.04

第五章 中国潜在经济增长率目标下的多维均衡值计算

本章在第四章中国经济增长多维均衡关系模型的基础上构建了中国经济增长多维均衡规划模型，以目标规划法为模型方法，试图获得潜在经济增长率目标下各经济变量的均衡水平。第一节先介绍了中国经济增长多维均衡规划模型的设计思想和方法。第二节是中国经济增长多维均衡规划模型的构建与求解，并根据偏离变量分析各经济变量实际水平与均衡水平的偏离程度。第三节是基于中国经济增长多维均衡规划模型的政策模拟。

第一节 中国经济增长多维均衡规划模型设计思想和方法

一、MBPM 模型设计思想

本章将设计中国经济增长多维均衡规划模型（Multidimensional Balanced Programming Model for China's Economic Growth，MBPM），该模型是中国经济增长多维均衡模型系统 MBM 的第二个子模型，是在中国经济增长多维均衡关系 MBRM 模型约束下，在多维均衡思想的追求下，实现经济均衡增长水平下经济系统同时达到多方均衡的目标规划模型。

无论是多维均衡关系模型还是多维均衡规划模型，最终都是为了构造一组“合理均衡值”作为参照标准计算经济多维均衡指数。第四章已经通过 MBRM 模型估计出多维均衡关系，这一章就是在多维均衡关系的约束上，通过 MBPM 模型求解出一组均衡值，并继续用这组均衡值构造一套多维均衡指数。

据此，MBPM 模型的设计思想主要有以下 4 点：

1. 核心目标是均衡增长——潜在经济增长率

我们将主要目标变量设定为潜在经济增长率，并不是完全以潜在经济增长率为经济运行目标，而是希望获得在合理潜在经济增长率下的宏观经济各方面的均衡发展。不论什么情况，经济增长的保证是基石。我国目前正处于后工业化阶段和“结构性减速期”，然而这只是向高收入国家行列迈进的一段过渡期，只有以稳定的经济增长率度过过渡期，才能实现更高质量、更有效率、更可持续的发展。所以合理的经济增长速度是必须作为中心目标的。

2. 多维均衡关系是约束条件

仅仅将经济增长作为目标是不够的，均衡增长的实现需要多维度变量间稳定的经济结构。第一章第一节中，我们明确了均衡增长的两个条件：①经济系统是以稳定的增长率增长；②经济增长过程中，系统内不同维度的状态变量间的关系是稳定的。方法设计要遵循理论设计，所以 MBPM 模型的目标是在实现变量之间均衡关系的约束条件下的最优经济增长。时刻保证均衡增长与均衡结构并重。中国经济增长多维均衡关系模型 MBRM 及其系数结果是 MBPM 的约束条件。

3. 与 MBRM 模型构成中国经济增长多维均衡模型系统

MBRM 模型和 MBPM 模型共同形成一个多维均衡系统。这套系统的特点是当给定一个经济增长目标，就能够测算出来其他变量的均衡值。经济增长目标值是各个时期的动态潜在增长率，测量出来与潜在经济增长率匹配的各主要变量的均衡值之后，就可以用实际值与之比较，测算各指标的均衡程度，构建经济多维均衡指数，直观地评估经济系统的均衡程度。

4. 规划得到一套均衡值，和实际值对比可形成一套均衡指数

为了在之后构造经济多维均衡指数来描述经济对于均衡状态的偏离程度，需要从 MBPM 中得到每年潜在经济增长率下的各变量的均衡值，即多维均衡值，作为均衡的标准参照。这里的均衡值是 18 个内生决策变量的均衡值，需要注意的

是，MBPM 模型结果的变量均衡值与 MBRM 模型中的变量趋势值是不同的，后者是为了获得变量间的长期稳定关系，依据变量本身的性质和相关理论、政策设定范围并滤波处理或者直接进行滤波处理而得到的趋势值，而前者是在稳定的多维均衡关系约束下并在潜在经济增长率水平下的均衡值，是有条件的均衡值，且与其他变量均衡值相互关联，和实际值对比形成均衡指数可以描述经济的均衡状态。

二、MBPM 模型的设计方法

MBPM 模型采用目标规划方法。目标规划方法是在线性规划基础上，为解决多目标决策问题而发展起来的一种运筹学方法。有 L 个目标、K 个优先等级的目标规划问题的一般化数学模型为

$$\min Z=\sum_{k=1}^{K}P_k\sum_{l=1}^{L}(w_{kl}^{+}d_l^{+}+w_{kl}^{-}d_l^{-}),$$

$$s.t.\begin{cases}\sum_{j=1}^{n}c_{lj}x_j+d_l^{-}-d_l^{+}=q_l\ (l=1,2,\cdots,L)\\ \sum_{j=1}^{n}\alpha_{ij}x_j\leqslant b_i\text{或}\geqslant d_i\ (i=1,2,\cdots,m)\\ d_l^{-},d_l^{+}\geqslant 0\ (l=1,2,\cdots,L)\end{cases}\tag{5-1}$$

式（5–1）的第一部分是模型的目标函数，其中有 L 个目标，各目标有其相应的优先等级，共 K 个（$K\leqslant L$），P_k 是第 k 级优先因子，$P_1>P_2>\cdots>P_K$，第 k 级优先因子的目标要求比第 k+1 级的目标更先达到。w_{kl} 是正负偏差变量的权系数，是对同一优先级的不同目标赋予的权重。d_l^{+}、d_l^{-} 是正、负偏差变量，是实现值与目标值之间的差异。d_l^{+} 表示实现值大于目标值，d_l^{-} 表示实现值小于目标值，模型的目的是使偏差变量最小化。

式（5–1）的第二部分中第一行公式是目标约束条件，q_l 是第 l 个目标的预期目标值，x_j 是第 j 个目标约束的决策变量，由于加入了正、负偏差变量，允许实现值与目标值之间存在偏差，属于软约束。第二行公式是系统约束条件，是对决策变量和相关系数的约束。第三行是偏差约束条件，对偏差的非负设定。

第二节　中国经济增长多维均衡规划模型的构建与求解

一、MBPM 模型的构建

在具体模型设计之前，要明确一个中心，该规划模型是建立在 MBRM 模型基础上的，其中的决策变量都是 MBRM 模型中的内生变量，相关目标约束条件是 MBRM 模型的多维均衡系数。

1. 目标函数

在 MBPM 模型中，根据多维均衡增长的内涵和目标，确定目标为 3 层，分三个优先等级，并设定同一层级目标中各个约束的权重相同。

第一层目标为均衡增长，基于本书“经济增长的多维均衡”概念，经济均衡增长始终是首要目标，其余变量的均衡值要在经济增长达到均衡值的水平上实现，所以优先级别最高，P_1 为优先因子，目标是经济增长率达到潜在经济增长率水平（潜在经济增长率来自第三章的测算结果），由于要求其恰好达到目标值，所以正、负偏差都尽可能小，令 d_1^+、d_1^- 表示经济增长率与潜在经济增长率的正、负偏差，则第一层目标函数为

$$\min Z = P_1(d_1^- + d_1^+) \tag{5-2}$$

第二层目标为多维均衡关系，遵循多维均衡关系是计算变量多维均衡值的要求之一，在稳定的均衡关系下才能提及均衡值。其优先级别仅次于经济均衡增长，优先因子是 P_2，目标就是各决策变量之间的多维均衡系数保持不变，即 $AY+BX=E$（均衡关系来自第四章的估计结果），由于 MBRM 模型中包含 18 个结构方程，每个方程都要求均衡系数不变，所以设定 18 组正、负偏差，要求每组正、负偏差都尽量小，令 d_l^+、d_l^-（l=2，3，…，19）表示多维均衡关系的正、负偏差，且该优先层的每个目标权重一样，则第二层目标函数为

$$\min Z = P_2\sum_{l=2}^{19}(d_l^- + d_l^+) \tag{5-3}$$

第三层目标是维持居民福利水平，优先因子 P_3。要求每年居民收入实际增长

率要不低于当年的经济实际增长率，即每年的居民收入实际增长率与经济实际增长率之差不小于 0，该目标要求超过目标值 0，即负偏差变量尽可能小，令 d_{20}^{+}、d_{20}^{-} 表示居民福利水平的正、负偏差，则第三层目标函数为

$$\min Z = P_3 d_{20}^{-} \tag{5-4}$$

2. 目标约束

根据三个层次的目标函数，设定相应的目标约束。

第一层目标 P_1，约束条件是对经济系统均衡增长的要求，设定系统中的经济增长率 *GDPs* 等于资源充分利用下最大可能的增长率，每年的经济增长率 $GDPs_t$ 都具有一个均衡增长率 $GDPs_t^*$，保证持续稳定的经济增长是“经济增长的多维均衡”的首要约束。各年均衡增长率 $GDPs_t^*$ 数据来自本书第三章的潜在经济增长率测算结果。约束条件表述为

$$GDPs_t + d_{1t}^{-} - d_{1t}^{+} = GDPs_t^* \tag{5-5}$$

$GDPs_t^*$ 表示满足约束条件的第一层规划目标。d_{1t}^{+}、d_{1t}^{-} 表示各年 *GDPs* 与 $GDPs_t^*$ 的正、负偏差。

式（5-6）的方程（1）属于 GDP 模块，是 GDP 方程，整个方程系统的核心，反映主要受供给侧影响的经济均衡增长特点，包括资本存量 *Ks*、劳动工资 *Wages*、贷款 *BLs*、能源消费 *ECs* 的正效应和环境污染 *EPs* 的负效应。方程（2）、方程（3）属于供给模块，分别是资本存量方程和工资方程，工资 *Wages* 受到经济增长率 *GDPs* 和上一期工资 *Wages*（-1）的正效应，以及 *CPI* 的负效应。方程（4）、方程（5）属于需求模块，分别是消费方程和投资方程，消费 *HCs* 受到收入 *DIs* 和上期消费 *HCs*（-1）的正向影响以及 *CPI* 的负向影响，投资 *FIs* 受到利率 *R* 的负影响以及经济增长率 *GDPs* 和货币供给量 *M2s* 的正向影响。方程（6）、方程（7）属于能源环境模块，分别是能源方程和环境方程，经济增长率 *GDPs* 对能源消费 *ECs* 是正效应而对环境污染 *EPs* 是负效应。方程（8）~（12）属于金融模块，分别是代表货币供给的货币供应量方程（8），代表货币需求的贷款方程（9）、利率方程（10），以及代表资产价格的房地产价格方程（11）、股票价格方程（12），货币供给量 *M2s* 受到经济增长率 *GDPs*、*CPI* 和利率 *R* 的正效应以及股票价格 *SPs* 的负效应，贷款 *BLs* 受到货币

供给量 $M2s$ 和 CPI 的正效应以及经济增长率 $GDPs$ 的负效应，房地产价格 $REPs$ 受到贷款 BLs、投资 FIs 和固定资产投资价格指数 FIP 的正效应，以及利率 R 的负效应。方程（13）、方程（14）属于收入模块，分别是收入方程和代表收入差距的基尼系数方程，收入 DIs 受到经济增长率 $GDPs$ 和上一期收入 DIs（–1）的正向影响，基尼系数 GI 不仅包含收入 DIs 的正效应，也包含 CPI 和财政收入 FRs 的负效应。方程（15）是财政模块的财政收入方程，代表财政政策，财政收入 FRs 包含经济增长率 $GDPs$ 和第二产业比重 $SIPs$ 的正效应，以及收入 DIs 的较弱的负效应。方程（16）是物价模块的物价方程，货币供应量 $M2s$、固定资产投资价格指数 FIP 和产出缺口 GAP 均对 CPI 有正向影响。方程（17）、（18）属于外贸模块，分别是出口方程和外汇储备方程，出口 EXs 受到经济增长率 $GDPs$、汇率 E 和 CPI 的正向影响，外汇储备受到出口 EXs、汇率 E 和利率 R 的正向影响。

$$
s.t.\begin{cases}
G\hat{D}Ps_t + d_{2t}^- - d_{2t}^+ = -29.89 + 0.04Ks_t + 0.34Wages_t + 0.50BLs_t + 0.42ECs_t - 0.04EPs_t & (1)\\
\hat{K}s_t + d_{3t}^- - d_{3t}^+ = 83.56 + 0.25FIs_t & (2)\\
Wa\hat{g}es_t + d_{12t}^- - d_{12t}^+ = 23.16 - 0.35CPI_t + 0.70GDPs_t + 0.41Wages(-1)_t & (3)\\
H\hat{C}s_t + d_{16t}^- - d_{16t}^+ = 5.17 + 0.35DIs_t - 0.14CPI_t + 0.73HCs(-1)_t & (4)\\
F\hat{I}s_t + d_{17t}^- - d_{17t}^+ = -195.48 - 3.27R_t + 2.30GDPs_t + 0.69M2s_t & (5)\\
E\hat{C}s_t + d_{4t}^- - d_{4t}^+ = 11.07 + 0.85GDPs_t & (6)\\
E\hat{P}s_t + d_{5t}^- - d_{5t}^+ = -4.09 - 0.41GDPs_t + 3.00SIPs_t & (7)\\
M\hat{2}s_t + d_{6t}^- - d_{6t}^+ = -144.90 + 1.54GDPs_t + 1.68R_t - 0.06SPs_t + 0.88CPI_t & (8)\\
B\hat{L}s_t + d_{7t}^- - d_{7t}^+ = 113.68 + 0.74M2s_t - 0.32R_t - 0.76GDPs_t & (9)\\
\hat{R}_t + d_{8t}^- - d_{8t}^+ = -35.80 + 0.17M2s_t + 0.21CPI_t & (10)\\
R\hat{E}Ps_t + d_{9t}^- - d_{9t}^+ = -35.29 + 0.17FIs_t - 0.45R_t + 0.32BLs_t + 0.88FIP_t & (11)\\
S\hat{P}s_t + d_{10t}^- - d_{10t}^+ = -1435.72 + 5.68GDPs_t + 8.01BLs_t & (12)\\
D\hat{I}s_t + d_{11t}^- - d_{11t}^+ = 12.96 + 0.49GDPs_t + 0.39DIs(-1)_t & (13)\\
\hat{G}I_t + d_{13t}^- - d_{13t}^+ = -1.28 + 0.03DIs_t - 0.01CPI_t - 0.01FRs_t & (14)\\
F\hat{R}s_t + d_{14t}^- - d_{14t}^+ = -68.16 + 1.28GDPs_t - 0.23DIs_t + 1.56SIPs_t & (15)\\
C\hat{P}I_t + d_{15t}^- - d_{15t}^+ = 25.42 + 0.13M2s_t + 0.60FIP_t + 0.14GAP_t & (16)\\
E\hat{X}s_t + d_{18t}^- - d_{18t}^+ = -359.37 + 3.12GDPs_t + 0.05E_t + 0.91CPI_t & (17)\\
F\hat{E}Rs_t + d_{19t}^- - d_{19t}^+ = -64.69 + 1.39EXs_t + 0.01E_t + 2.85R_t & (18)
\end{cases} \quad (5\text{–}6)
$$

第三层目标 P_3，约束条件是对居民福利水平的要求，设定居民收入实际增长

率 *DIs* 大于经济增长率 *GDPs*。约束条件表述为

$$DIs_t^* - GDPs_t^* + d_{20t}^- - d_{20t}^+ = 0 \tag{5-7}$$

DIs_t^* 表示满足约束条件的第三层规划目标。d_{20t}^+、d_{20t}^- 表示各年 DIs_t^* 与 $GDPs_t^*$ 的正、负偏差。

3. 目标规划模型

目标规划模型是基于 MBRM 模型估计结果，由于滞后项的影响，估计结果的时间区间变为 1994—2017 年，一共有 24 年。所以每年都建立一个设定相同的目标规划模型，通过下标 X_t 区分，t=1994,1995,…,2017，不同年的模型第一层目标的目标值（潜在经济增长率）不同，并且目标的偏差变量大小不同。

依据以上设定，MBPM 目标规划模型如下。

$$\min Z = P_1(d_1^- + d_1^+) + P_2\sum_{l=2}^{19}(d_l^- + d_l^+) + P_3 d_{20}^-, \tag{5-8}$$

$$s.t.\begin{cases}
GDPs_t + d_{1t}^- - d_{1t}^+ = GDPs_t^* \ \ (t=1994,1995,\cdots,2017) \\
G\hat{D}Ps_t + d_{2t}^- - d_{2t}^+ = -29.89 + 0.04Ks_t + 0.34Wages_t + 0.50BLs_t + 0.42ECs_t - 0.04EPs_t \\
\hat{K}s_t + d_{3t}^- - d_{3t}^+ = 83.56 + 0.25FIs_t \\
Wa\hat{g}es_t + d_{12t}^- - d_{12t}^+ = 23.16 - 0.35CPI_t + 0.70GDPs_t + 0.41Wages(-1)_t \\
H\hat{C}s_t + d_{16t}^- - d_{16t}^+ = 5.17 + 0.35DIs_t - 0.14CPI_t + 0.73HCs(-1)_t \\
F\hat{I}s_t + d_{17t}^- - d_{17t}^+ = -195.48 - 3.27R_t + 2.30GDPs_t + 0.69M2s_t \\
E\hat{C}s_t + d_{4t}^- - d_{4t}^+ = 11.07 + 0.85GDPs_t \\
E\hat{P}s_t + d_{5t}^- - d_{5t}^+ = -4.09 - 0.41GDPs_t + 3.00SIPs_t \\
M\hat{2}s_t + d_{6t}^- - d_{6t}^+ = -144.90 + 1.54GDPs_t + 1.68R_t - 0.06SPs_t + 0.88CPI_t \\
B\hat{L}s_t + d_{7t}^- - d_{7t}^+ = 113.68 + 0.74M2s_t - 0.32R_t - 0.76GDPs_t \\
\hat{R}_t + d_{8t}^- - d_{8t}^+ = -35.80 + 0.17M2s_t + 0.21CPI_t \\
R\hat{E}Ps_t + d_{9t}^- - d_{9t}^+ = -35.29 + 0.17FIs_t - 0.45R_t + 0.32BLs_t + 0.88FIP_t \\
S\hat{P}s_t + d_{10t}^- - d_{10t}^+ = -1435.72 + 5.68GDPs_t + 8.01BLs_t \\
D\hat{I}s_t + d_{11t}^- - d_{11t}^+ = 12.96 + 0.49GDPs_t + 0.39DIs(-1)_t \\
\hat{G}I_t + d_{13t}^- - d_{13t}^+ = -1.28 + 0.03DIs_t - 0.01CPI_t - 0.01FRs_t \\
F\hat{R}s_t + d_{14t}^- - d_{14t}^+ = -68.16 + 1.28GDPs_t - 0.23DIs_t + 1.56SIPs_t \\
C\hat{P}I_t + d_{15t}^- - d_{15t}^+ = 25.42 + 0.13M2s_t + 0.60FIP_t + 0.14GAP_t \\
E\hat{X}s_t + d_{18t}^- - d_{18t}^+ = -359.37 + 3.12GDPs_t + 0.05E_t + 0.91CPI_t \\
F\hat{E}Rs_t + d_{19t}^- - d_{19t}^+ = -64.69 + 1.39EXs_t + 0.01E_t + 2.85R_t \\
DIs_t^* - GDPs_t^* + d_{20t}^- - d_{20t}^+ = 0 \\
d_{lt}^-, d_{lt}^+ \geq 0 \ (l=1,2,\cdots,20)
\end{cases} \tag{5-9}$$

二、MBPM 模型目标规划结果

根据我们的设定，模型的求解是分级进行的，首先求满足 P_1 优先级目标的解，在满足 P_1 的目标约束的前提下再求目标 P_2 的解，最后，在满足 P_2 的目标约束下求 P_3 的解。

1. 变量均衡值

每年的潜在经济增长率不同，所以每年都计算出一套满足 MBPM 模型的目标规划结果，1994—2017 年的潜在经济增长率能够得到 24 年的决策变量均衡值，这里的决策变量就是 MBRM 模型的 18 个内生变量，规划模型结果如表 5–1 和表 5–2 所示。表 5–1 和表 5–2 代表多维均衡系统中 18 个经济变量的均衡值序列，既满足潜在经济增长率水平的均衡增长，又存在变量间稳定的多维均衡关系，称为变量的“多维均衡值”。

表 5–1 变量的均衡值 I

年份	经济增长率 / %	能源消费增长率 / %	环境污染指数	贷款增长率 / %	利率 / %	股票价格增长率 / %	CPI/ %	基尼系数	出口增长率 / %
1994	111.36	102.24	91.94	123.49	10.24	198.76	111.00	0.40	134.17
1995	112.10	103.61	91.43	122.57	10.74	187.12	109.03	0.43	133.44
1996	110.49	102.43	90.69	120.33	9.84	161.36	105.98	0.43	122.67
1997	109.60	102.01	90.15	118.45	8.88	136.36	103.24	0.43	116.82
1998	109.72	102.82	88.85	117.14	8.16	123.13	101.34	0.43	116.65
1999	108.88	102.86	88.87	115.46	7.01	102.92	99.96	0.43	114.69
2000	107.46	102.40	90.29	113.79	5.72	77.33	99.09	0.43	111.55
2001	109.90	105.91	90.00	114.57	6.21	94.33	99.69	0.46	123.48
2002	110.66	107.57	90.75	114.72	6.07	97.57	100.07	0.47	128.65
2003	112.55	109.98	90.80	115.63	6.55	119.92	100.93	0.49	137.04
2004	112.78	109.93	90.62	115.77	6.45	129.89	101.34	0.49	136.20
2005	111.67	107.74	90.12	115.39	5.89	129.88	101.27	0.49	127.38
2006	108.10	102.76	89.85	113.98	4.44	105.79	100.52	0.46	107.63
2007	105.66	99.22	89.15	113.44	3.62	85.91	100.15	0.44	93.10
2008	112.01	105.24	85.13	117.77	6.65	148.31	102.12	0.49	115.87
2009	113.07	106.38	84.66	119.05	7.38	149.72	102.49	0.50	119.86
2010	110.92	104.51	86.27	118.16	6.68	116.07	102.09	0.49	113.84

续表

年份	经济增长率/%	能源消费增长率/%	环境污染指数	贷款增长率/%	利率/%	股票价格增长率/%	CPI/%	基尼系数	出口增长率/%
2011	108.88	102.79	87.70	117.03	6.03	91.39	101.71	0.48	107.78
2012	108.62	102.75	87.49	116.66	6.10	96.35	101.65	0.48	107.93
2013	107.72	101.94	86.58	115.79	5.76	100.52	101.33	0.47	104.91
2014	107.12	101.36	84.15	114.99	5.43	107.00	101.04	0.47	102.81
2015	106.95	101.23	79.98	114.35	5.20	110.57	100.87	0.47	102.60
2016	105.76	100.15	75.37	113.10	4.53	88.89	100.46	0.46	99.12
2017	108.63	103.26	69.54	114.00	5.59	109.47	101.15	0.48	112.71

表 5-2　变量的均衡值 II

年份	货币供应量增长率/%	房地产价格增长率/%	居民收入实际增长率/%	工资实际增长率/%	资本存量实际增长率/%	财政收入增长率/%	居民消费水平指数	投资实际增长率/%	外汇储备增长率/%
1994	130.82	117.33	112.31	108.90	110.70	119.76	108.35	115.45	152.48
1995	130.66	114.13	112.21	109.39	111.97	120.84	108.12	116.82	158.45
1996	125.33	110.58	110.63	108.73	111.49	118.73	107.58	112.44	145.31
1997	121.52	107.59	109.46	109.16	111.43	117.68	107.20	110.85	135.36
1998	120.16	105.32	109.23	110.59	112.01	118.15	107.32	112.60	132.26
1999	117.19	103.44	108.75	110.86	111.84	117.39	107.49	111.42	124.37
2000	113.36	102.47	108.12	110.28	111.21	115.74	107.45	108.80	114.66
2001	118.11	104.22	110.00	112.30	113.28	119.25	107.76	117.28	132.80
2002	119.03	106.01	110.81	112.69	114.06	119.95	107.80	120.79	139.32
2003	122.02	108.79	111.99	113.69	115.46	122.44	108.11	126.82	152.03
2004	121.21	110.74	112.12	113.50	115.47	123.07	108.45	127.06	151.48
2005	117.83	110.96	111.54	112.53	114.35	121.92	108.78	122.88	139.85
2006	109.94	109.27	109.56	109.81	111.52	117.42	108.71	111.67	111.61
2007	105.71	108.08	108.27	107.91	109.75	114.34	108.78	104.42	92.74
2008	121.33	110.83	112.16	112.52	114.49	122.91	110.07	123.25	135.12
2009	125.47	111.64	112.93	113.16	115.47	123.87	110.38	127.42	141.69
2010	121.49	110.07	111.74	111.30	113.98	120.59	110.01	121.73	126.19
2011	117.13	108.35	110.57	109.52	112.44	117.06	109.52	117.06	111.90
2012	116.29	107.58	110.32	109.14	112.09	115.13	109.08	117.59	110.10
2013	113.98	106.66	109.45	108.34	111.23	112.05	108.42	115.49	103.78
2014	112.32	106.14	108.68	107.86	110.58	109.60	107.86	113.02	98.85
2015	111.60	106.39	108.17	107.78	110.27	108.09	107.40	110.59	96.83

续表

年份	货币供应量增长率 / %	房地产价格增长率 / %	居民收入实际增长率 / %	工资实际增长率 / %	资本存量实际增长率 / %	财政收入增长率 / %	居民消费水平指数	投资实际增长率 / %	外汇储备增长率 / %
2016	108.49	106.27	107.08	106.95	109.30	105.42	106.73	104.27	88.68
2017	113.85	107.75	108.46	109.22	111.23	108.74	106.66	108.80	108.63

2. 偏差结果

各年目标规划模型的解都有不同的偏差变量，表 5–3 是第一层目标 P_1 和第二层目标 P_2 的 1994—2017 年正负偏差平均值。各决策变量的平均偏差计算公式为

$$\overline{d}_l = \frac{1}{24}\sum_{t=1994}^{2017}(d_{lt}^- + d_{lt}^+),\ (l = 1, 2, \cdots, 19) \qquad (5\text{–}10)$$

从表 5–3 中可知，第一层目标的软约束的平均偏差为 0，且每年的正、负偏差均为 0，即每年经济增长达到潜在经济增长率的目标可以实现。第二层目标的各个软约束存在不同的偏差，且都有解，即保持变量间均衡关系不变的目标每年都可以实现。其中，股票价格增长率 *SPs* 的平均偏差最大。

表 5–3 第一、第二层目标中决策变量的平均偏差

决策变量	平均偏差
GDPs	0
Wages	0.28
Ks	0.5
HCs	0.13
FIs	1.25
ECs	1.2
EPs	2.02
M2s	0.57
BLs	0.59
R	0.49
REPs	0.8
SPs	12.25
DIs	0.3
GI	0.01
FRs	0.68

续表

决策变量	平均偏差
CPI	0.68
EXs	3.44
FERs	3.74

表 5–4 是第三层目标 P_3 的各年正、负偏差。第三层目标的约束是居民收入实际增长率与经济增长率的差不小于 0，则当负偏差等于 0 时，说明约束条件可满足，目标可实现，如 2016 年的正偏差为 1.32，表明居民收入实际增长率比经济增长率大 1.32。当负偏差大于 0 正偏差等于 0 时，说明约束条件不能满足，目标无法实现，如 2009 年的负偏差为 0.14，表明居民收入实际增长率比经济增长率小 1.32，差值等于 –1.32，小于 0。因此，1994 年、1995 年、1996 年、2000 年、2001 年、2002 年、2006 年、2007 年、2008 年、2010 年、2011 年、2012 年、2013 年、2014 年、2015 年、2016 年的目标均能实现，其余年份无法实现第三层目标。

表 5–4　第三层目标的偏差变量

年份	负偏差	正偏差
1994	0	0.95
1995	0	0.11
1996	0	0.14
1997	0.14	0
1998	0.49	0
1999	0.13	0
2000	0	0.66
2001	0	0.1
2002	0	0.15
2003	0.56	0
2004	0.66	0
2005	0.13	0
2006	0	1.46
2007	0	2.61
2008	0	0.15
2009	0.14	0
2010	0	0.82

续表

年份	负偏差	正偏差
2011	0	1.7
2012	0	1.7
2013	0	1.73
2014	0	1.56
2015	0	1.22
2016	0	1.32
2017	0.17	0

第三节　基于中国经济增长多维均衡规划模型的政策模拟

MBPM 模型除了能够求解经济运行各个变量的均衡值，另一个重要应用是可以利用情景分析对不同的宏观政策进行模拟，这种方法被称为“情景分析”，不仅可以检验模型对现实经济运行的吻合程度，也可以模拟财政政策和货币政策实施的效果和传导路径。变换方法是将目标规划模型的第一层目标设置为货币政策变量的目标值或者财政政策变量的目标值，第二层目标不变，并去掉原有的第三层目标，各层目标相应的约束条件不变。从而分别得到货币政策目标规划函数和财政政策目标规划函数。我们对 2015—2017 年这一时间段的货币政策和财政政策进行模拟。

一、货币政策模拟

本书将以货币供应量为货币政策的工具模拟分析，若从 2015 年到 2017 年，货币供应量在当年实际值的基础上提高 5%，根据这一目标计算出的各年货币供应量增长率 *M2s* 即目标规划模型的第一层目标值，由 2015 年目标值、2016 年目标值和 2017 年目标值代入货币政策目标规划函数，得到 2015—2017 年各主要变量的变化率如表 5–5 所示。

表 5–5　货币供应量政策的模拟效果　　单位：%

年份	*GDPs*	*FIs*	*CPI*	*HCs*	*Wages*	*EXs*	*BLs*	*FERs*	*DIs*
2015	3.67	8.38	1.15	0.48	2.19	12.94	2.77	1.63	1.79
2016	3.20	7.53	1.00	0.42	1.90	11.21	2.42	1.41	1.56
2017	2.60	6.35	0.81	0.34	1.54	8.97	1.97	1.14	1.27

从表 5–5 的模拟效果可以看出，央行增加 5% 的货币供应量将对以上 9 个内生变量产生正向影响，一方面导致贷款 *BLs* 增加，从而固定资产投资 *FIs* 和出口 *EXs* 增加，房地产价格 *REPs* 上升，进而促进经济增长 *GDPs*，经济增长带来居民可支配收入 *DIs* 和平均工资 *Wages* 的提高，又带动了居民消费 *HCs*。另一方面，货币供应量的提高还造成物价水平 CPI 的上涨，一定程度上也抑制了消费需求 *HCs*，这也是消费变动幅度较小的原因。相比之下，出口 *EXs*、投资 *FIs* 的变动幅度最大，GDP 次之，消费变动幅度最小，可见 CPI 对消费的抑制作用小于居民可支配收入 *DIs* 和 GDP 对消费的促进作用。

根据以上模拟结果，小幅度增加货币供应量的宽松货币政策能够达到刺激经济复苏的目标，但也存在不足之处：第一，货币供应量的增加对经济增长的促进作用大多来自出口和投资，只有很少一部分来自消费，这种经济增长不利于我国的外向型发展模式的转变；第二，在当前形势下货币供应量的增加一定程度上会加剧了通货膨胀的压力，不利于稳定。

二、财政政策模拟

2018 年 8 月的第十三届全国人民代表大会常务委员会第五次会议通过了《中华人民共和国个人所得税法》的修改决议，提高个税起征点，调整个税税率结构，对个体工商户实施减税政策，降低中低收入者税负，从而降低中低收入者税负，更好地发挥调节收入分配的作用。这次的个税法改革就是通过降低财政收入来实施的政策，基于这一背景，本书用降低财政收入来模拟积极的财政政策效应。假设政府减少 5% 的财政收入，根据这一目标计算出的各年财政收入增长率 FRs 即财政政策目标规划模型的第一层目标值，由 2015 年目标值、2016 年目标值和 2017 年目标值代入目标规划函数，各变量的变化率如表 5–6 所示。

表 5–6　财政收入政策的模拟效果　　单位：%

年份	*GDPs*	*FIs*	*CPI*	*HCs*	*Wages*	*BLs*	*REPs*	*DIs*
2015	5.69	12.90	1.38	0.80	3.53	2.38	2.14	2.78
2016	6.45	15.10	1.56	0.90	4.00	2.71	2.41	3.16
2017	3.47	8.44	0.84	0.49	2.15	1.46	1.29	1.70

从表 5–6 可以看出，积极的财政政策对以上 8 个内生变量均有正向作用。降低财政收入的政策一方面使职工工资 *Wages* 和居民可支配收入 *DIs* 有显著的提高，从而带动了消费 *HCs* 并有力地促进经济增长 *GDPs*，另一方面减税政策也促进企业贷款 *BLs* 和投资活动 *FIs*，提高经济增长率。2017 年的财政政策模拟效果相对于 2016 年和 2015 年较弱，可能是由于人民币对美元汇率的大幅上涨收缩了出口规模并影响 GDP 的提高，还有 2017 年已经实行的积极财政政策的作用削弱了政策模拟的效果。

三、政策模拟结论

货币政策和财政政策的模拟结果表明：第一，财政政策比货币政策更快速有效，前者对可支配收入和平均工资的直接作用有力扩大了内需，相比货币政策，财政政策对“扩内需”和“调结构”更有效，对民生保障和人民生活水平提高起到更大的作用，我们的结果也进一步肯定了个税改革的正确性。第二，货币政策的有效性要提高，关键在于经济结构的调整，长期以来经济外向型和投资主导型的发展模式削弱了货币政策对经济增长的作用，使得货币政策无法作用于国内有效需求上。

第六章　中国经济增长多维均衡指数测算与分析

本章在第五章测算得到的多维均衡值基础上，设计了一套多维均衡指数，并分模块、分领域从各角度评价分析中国的经济多维均衡状态和发展趋势。

第一节　中国经济增长多维均衡指数

一、中国经济增长多维均衡指数的思想和方法

1. MBI 指数设计思想

中国经济增长多维均衡指数为 MBI（Multidimensional Balanced Index for China's Economic Growth）。MBI 指数是借助于 MBRM 模型和 MBPM 目标规划模型结果，在经济增长多维均衡理论框架下形成的完整的量化分析指标体系，是符合我国经济运行的多维均衡指数，明确我国均衡与非均衡发展的弱点和重点，以便进行失衡监测和预警。

MBI 指数是分年度测算的、由 9 大经济模块，18 个内生经济变量构成的综合指数。总项指数是一级指标，再分项引入二级指标（模块指数），进一步分项为三级指数（变量指数），这样逐层分项的设计，有以下优点：

（1）可以识别各年经济发展的整体均衡和非均衡状态；

（2）既可以从横向上反映经济各模块的不同均衡状况，也可以从纵向上反映经济均衡和非均衡发展演变路线；

（3）可以从总项到分项厘清非均衡运行的内在逻辑和形成机理。

MBI 指数是由“多维均衡值”和实际值对比形成的相对数，是描述经济现实

与经济多维均衡水平的偏离程度的综合指数，来评价经济运行的均衡程度。政府可以通过 MBI 指数的趋势变化及时判断发展态势，并通过其二级指标（模块均衡指数）和三级指标（变量均衡指数）掌握均衡状况的内在原因，以及时调整政策、采取措施，从而切实推进经济增长的多维均衡发展。

2. MBI 指数的方法选择

（1）基本指数形式的选择。

在编制指数体系之前，首先应考虑采用什么指数形式，其次是其均衡失衡程度多大。之前我们已经讨论过指数以一组合理均衡值——“多维均衡值”为参照标准，这从指数意义上是一个相对数的意义，这里可以有多种表达方式，如总量与均衡值的差值、差值绝对值、环比指数等方式，但是百分数方式是其中最适合表达均衡指数的，它有直接性、简洁性和普遍性等优点。

百分数满足我们对于多维均衡指数的设想，一方面它可以表示成实际值与多维均衡值的百分比，是一个相对数的表达式，能够消除量纲，使不同变量、不同模块的指数具有可比性，也为最后构造综合指数奠定了基础；另一方面是便于把均衡状态和偏离均衡状态表示成一对相互依赖相互对立的有机结合状态，当实际值达到均衡值时，指数等于 100%，那么实际值不等于均衡值时，指数与 100% 的差距大小恰好可以表示偏离均衡的程度。

（2）数据标准化方法选择。

虽然指数用百分数表达已经无量纲化，但是不同的变量指数数量级大小不同，不同变量的均衡衡量标准不同，各均衡指数一定意义上也无法对比分析。用变量实际值比均衡值得到的初始均衡指数有的结果很小只有百分之几，有的变量则高达 40%，但是由于两个变量本身的数量级不同，也不能单纯认为后者的失衡程度就比前者严重，比如，2015 年股票价格增长率的初始均衡指数高达 134.11%，而 CPI 的初始均衡指数是 96.89%，光看数值股票的均衡指数偏离 100% 的程度要更大，但是在经济现象中，股票的这种偏离均衡的波动率也许我们还认为是正常的，而 CPI 看似很小的波动反而是很严重的均衡偏离。如果直接构成综合均衡指数，会使股票价格增长率的权重变大，在综合均衡指数中起到支配作用，存在系统性偏差。中心化方法可以很好地处理这一问题，使每个变量的均衡指数可比。指数编制中的中心化处理方法由李宝瑜等[1]提出，是统一指标衡量标准的一种方法。

中心处处理方法利用了均值的思想，将原始数列按等比例扩大或缩小，换成具有新均值的中心化方法。步骤如下：

第一步，将各指标的原始指数取绝对值 y_{it}，其中下标 i 表示第 i 个变量，$i=1,2,\cdots,m$；下标 t 表示第 t 年，$t=1,2,\cdots,n$。

第二步，计算各指标绝对值的均值和所有指标绝对值的均值：

$$某指标中心化目标均值=\frac{\sum_{t=1}^{n} y_{it}}{n}$$

$$所有指标中心化目标均值=\frac{\sum_{i=1}^{m}\sum_{t=1}^{n} y_{it}}{m\times n}$$

其中，n 是指标时间序列数据的样本量，m 是指标个数。

第三步，计算各指标的中心化系数：

$$某指标的中心化系数=\frac{所有指标中心化目标均值}{该指标中心化目标均值}$$

第四步，计算指标中心化值：

某指标中心化值 = 某指标原始指数 × 该指标中心化系数。

（3）加权法选择。

由于不同指标作用不同，在计算最后的综合指数时，需要确定各二级指标的权重，这里给定不同指标不同的权重是为了区分其不同的重要性。主要方法有德尔菲法、相邻指标比较法、方差贡献率加权法、方差倒数加权法、变异系数加权法、层次分析法、主成分分析法和因子分析法。我们选取主成分分析法确定二级指标权重来计算综合指标。主成分分析法是根据各二级指标所组成的各主成分的因子的方差大小来确定权数，方差大的因子贡献率高，方差小的贡献率低。可以使用各主成分的特征值的贡献率作为权数，也可以用第一主成分的特征值的特征向量作为权数。

3. MBI 指数设计步骤

第一步，构建 MBI 指数体系。MBI 指数体系是三层结构，一级指标是 MBI 综合指数，二级指标是模块均衡指数（9 个），三级指标是变量均衡指数（18 个）。

---

[1] 李宝瑜．宏观经济失衡指数研究［M］．北京：中国财经经济出版社，2010（12）．

第二步，计算各变量的均衡指数。数据标准化要解决两个问题，无量纲化和中心化。首先，采用百分比的相对数算法计算变量的初始均衡指数，解决了无量纲问题。然后，对变量初始均衡指数进行中心化处理得到变量的均衡指数。

第三步，计算模块均衡指数。考虑到模块中各经济总量的重要性不分上下，所以用算术平均值计算，模块的均衡指数等于模块中变量的均衡指数的算术平均值。18 个变量均衡指数加总为 9 个模块均衡指数。

第四步，计算总指数——中国经济增长多维均衡指数。用第一主成分的得分系数作为各模块均衡指数权重来加权求和，9 个模块均衡指数加总得到 1 个总指数 MBI。

二、中国经济增长多维均衡指数的设计与计算

1. MBI 指标体系

为了使中国经济增长多维均衡指数的层次性更清晰，我们构建了中国宏观经济增长多维均衡指数的三级指标体系，第一层次是对中国经济增长多维均衡的最终评价指标，第二层次包括 9 大经济模块的均衡指标，模块设置与 MBRM 模型中的模块一致，第三层次包括 18 个内生经济变量的均衡指标，如表 6-1 所示。

表 6-1　中国经济增长多维均衡指数的指标体系

<table>
<tr><th>一级指标</th><th>二级指标</th><th>三级指标</th><th>性质</th></tr>
<tr><td rowspan="12">中国经济增长多维均衡指数</td><td>GDP 模块均衡指数</td><td>GDP 均衡指数</td><td>适度指标</td></tr>
<tr><td rowspan="2">供给模块均衡指数</td><td>资本存量均衡指数</td><td>适度指标</td></tr>
<tr><td>工资均衡指数</td><td>正向指标</td></tr>
<tr><td rowspan="2">需求模块均衡指数</td><td>消费均衡指数</td><td>正向指标</td></tr>
<tr><td>投资均衡指数</td><td>适中指标</td></tr>
<tr><td rowspan="2">能源环境模块均衡指数</td><td>能源消费均衡指数</td><td>逆向指标</td></tr>
<tr><td>环境污染均衡指数</td><td>逆向指标</td></tr>
<tr><td rowspan="5">金融模块均衡指数</td><td>货币供应量均衡指数</td><td>适度指标</td></tr>
<tr><td>贷款均衡指数</td><td>正向指标</td></tr>
<tr><td>利率均衡指数</td><td>适度指标</td></tr>
<tr><td>房地产价格均衡指数</td><td>适度指标</td></tr>
<tr><td>股票价格均衡指数</td><td>适度指标</td></tr>
</table>

续表

一级指标	二级指标	三级指标	性质
中国经济增长多维均衡指数	收入模块均衡指数	居民收入均衡指数	正向指标
		基尼系数均衡指数	逆向指标
	财政模块均衡指数	财政收入均衡指数	适度指标
	物价模块均衡指数	CPI 均衡指数	适度指标
	外贸模块均衡指数	出口均衡指数	正向指标
		外汇储备均衡指数	正向指标

2. 变量的均衡指数计算

（1）初始均衡指数。

初始均衡指数等于变量实际值与规划模型得到的各年变量均衡值的比值，用 I 表示，单位是百分数形式。计算公式为

$$I_{it}=\frac{X_{it}}{X_{it}^{*}}\times 100\% \tag{6-1}$$

其中，X_{it} 表示第 i 个变量第 t 年的实际值，X_{it}^{*} 表示第 i 个变量第 t 年的均衡值，变量下标符号 i=1,2,⋯,18，时间下标符号 t=1994,1995,⋯,2007。

均衡指数可以反映变量的相对均衡程度和方向，在不同变量间具有可比性。均衡指数等于 100% 时，反映变量处于均衡水平，均衡指数大于或者小于 100% 都定义变量处于非均衡水平，即失衡。均衡指数大于 100% 时，反映变量实际水平大于变量均衡水平；均衡指数小于 100% 时，反映变量实际水平小于变量均衡水平。

均衡指数的性质受变量方向的影响，可以分为正向指标、逆向指标和适中指标。有些变量的值越大则经济水平越高，这类变量的均衡指数属于正向指标，均衡指数大于 100% 比小于 100% 的评价要好一些，比如居民收入均衡指数；有些变量的值越小则经济水平越高，这类变量的均衡指数属于逆向指标，均衡指数小于 100% 比大于 100% 的评价要好一些，比如能源消费均衡指数；还有些变量是越接近均衡值越好，这类变量的均衡指数属于适度指标，过大或者过小于 100% 都不好，比如经济增长率。

（2）中心化处理。

变量的初始均衡指数需要中心化处理后才形成变量的均衡指数。但如果直接对初始均衡指数进行中心化，会使得高于 100% 和低于 100% 的指数在求均值时其相对于 100% 的差异会相互抵消，减弱中心化处理的效果。考虑到这个问题，选择对初始均衡指数与 100% 的偏离程度进行中心化。具体步骤是：

第一步，计算各变量的偏离程度以及绝对偏离程度。偏离程度等于初始均衡指数与 100% 的差，绝对偏离程度是初始均衡指数与 100% 的差的绝对值。

偏离程度 = 初始均衡指数 − 100%

绝对偏离程度 = |初始均衡指数 − 100%|

第二步，计算各变量的平均绝对偏离程度$\overline{d}_i$。对每个变量 1994—2017 年的绝对偏离程度求均值，得到各变量的平均绝对偏离程度$\overline{d}_i$（i=1,2,⋯,18）。

第三步，计算各变量的绝对偏离程度的中心化系数。用 1994—2017 年所有变量的绝对偏离程度总均值除以各变量的平均绝对偏离程度$\overline{d}_i$，得到各变量的中心化系数 c_i（结果如表 6–2 所示），计算公式为

$$c_i = \left(\frac{1}{18}\sum_{i=1}^{18}\overline{d}_i\right) / \overline{d}_i,\ (i=1,2,\ldots,18) \tag{6–2}$$

表 6–2　变量偏离程度的中心化系数

系数	*GDPs*	*Wages*	*Ks*	*HCs*	*FIs*	*ECs*	*EPs*	*M2s*	*BLs*
中心化系数	5.71	4.02	6.05	7.49	2.15	3.25	0.59	3.67	3.20
系数	*R*	*REPs*	*SPs*	*DIs*	*GI*	*FRs*	*CPI*	*EXs*	*FERs*
中心化系数	0.67	2.53	0.12	5.52	2.40	3.04	3.84	0.83	0.79

第四步，用中心化系数 c_i 对各变量的偏离程度进行中心化处理。用 1994—2017 年各变量的偏离程度乘以各变量的中心化系数 c_i，得到 1994—2017 年各变量的中心化偏离程度 cd_{it}，计算公式为

$$cd_{it}=d_{it}\times c_i,\ (i=1,2,\ldots,18) \tag{6–3}$$

第五步，计算各变量的均衡指数。用 1994—2017 年各变量的中心化偏离程度 cd_{it} 加 100% 反推出各变量的均衡指数 ci_{it}，计算公式为

$$ci_{it}=cd_{it}+100\%,\ (i=1,2,\ldots,18) \tag{6–4}$$

至此，得到 18 个内生经济变量的均衡指数，其 1994—2017 年的时间序列结

果见表 6–3 和表 6–4。均衡指数不仅比初始均衡指数更具有可比性，而且具有更小的误差，更适合构造综合指数。

表 6–3　变量的均衡指数 Ⅰ

单位：%

年份	GDP均衡指数	资本存量均衡指数	能源消费均衡指数	环境污染均衡指数	货币供应量均衡指数	贷款均衡指数	利率均衡指数	房地产价格均衡指数	股票价格均衡指数
1994	108.41	104.49	111.37	106.12	110.40	94.33	99.53	82.31	101.65
1995	94.40	108.51	110.26	124.75	96.66	110.09	108.21	97.31	91.53
1996	96.95	104.19	102.00	94.43	99.78	101.77	104.70	106.72	126.44
1997	97.92	102.84	95.29	117.18	94.13	110.91	98.21	107.03	100.64
1998	90.01	105.22	91.72	102.27	83.75	95.53	91.14	95.14	95.71
1999	93.81	103.58	101.14	99.96	92.32	80.28	88.92	90.39	103.32
2000	105.53	99.01	106.83	111.18	96.46	78.17	101.57	101.01	117.40
2001	91.69	109.17	99.80	104.97	98.42	95.68	96.16	96.42	95.22
2002	91.95	112.26	104.37	105.30	93.33	106.06	91.59	94.45	98.12
2003	87.06	119.78	118.45	110.41	92.64	115.10	87.32	90.81	99.55
2004	86.43	121.06	120.47	112.31	80.80	89.81	90.97	116.08	100.27
2005	98.62	117.61	117.38	114.97	99.21	83.02	96.43	106.99	95.12
2006	124.29	104.26	121.65	107.68	119.13	104.96	123.44	93.08	119.72
2007	146.15	94.25	131.14	104.08	138.28	107.57	161.35	115.68	156.82
2008	88.23	118.12	92.91	106.16	89.27	95.03	96.80	71.46	93.02
2009	81.47	121.50	95.28	107.47	108.64	134.05	90.51	126.20	103.93
2010	98.35	113.41	108.68	108.48	92.31	104.68	90.05	94.07	98.95
2011	103.25	106.29	114.34	109.27	100.60	92.69	103.08	95.57	97.88
2012	96.22	106.57	103.63	105.39	94.01	95.35	100.70	101.23	97.40
2013	100.42	104.48	105.54	106.75	98.73	95.43	104.61	102.48	105.53
2014	100.96	103.55	102.49	108.69	95.73	96.14	102.09	88.66	105.59
2015	99.73	104.10	99.14	110.45	105.72	101.89	95.46	102.44	124.27
2016	105.07	100.25	103.98	87.47	109.63	101.02	104.79	109.03	94.96
2017	90.91	112.36	99.25	108.32	84.52	96.32	91.12	94.87	97.77

表 6–4　变量的均衡指数 Ⅱ

单位：%

年份	居民收入均衡指数	工资均衡指数	基尼系数均衡指数	财政收入均衡指数	*CPI*均衡指数	消费均衡指数	投资均衡指数	出口均衡指数	外汇储备均衡指数
1994	82.62	98.44	118.39	100.58	145.36	89.27	127.79	138.99	147.45
1995	79.03	67.85	102.36	96.95	128.44	101.22	101.20	91.32	92.04
1996	96.58	79.75	128.78	99.85	108.42	114.04	103.85	85.34	98.59

续表

年份	居民收入均衡指数	工资均衡指数	基尼系数均衡指数	财政收入均衡指数	*CPI*均衡指数	消费均衡指数	投资均衡指数	出口均衡指数	外汇储备均衡指数
1997	83.18	84.03	84.93	97.68	98.38	81.83	96.11	102.65	98.71
1998	87.40	121.42	83.54	89.74	91.87	88.01	102.46	88.45	82.79
1999	98.79	108.88	80.92	96.09	94.78	105.63	87.79	93.82	88.71
2000	90.76	105.32	92.64	103.44	105.10	121.97	102.89	112.01	94.72
2001	92.89	110.65	116.43	107.84	103.89	88.47	92.24	88.75	97.21
2002	107.12	108.68	91.21	88.40	96.67	104.19	93.06	95.94	97.53
2003	86.19	92.47	94.99	81.25	101.04	84.00	101.57	98.56	94.13
2004	83.66	86.50	90.43	96.27	109.70	91.39	99.62	99.46	99.88
2005	96.30	99.18	99.91	94.96	102.02	106.34	105.39	100.14	96.82
2006	110.21	111.30	114.05	113.04	103.74	97.89	123.58	112.52	113.25
2007	125.98	119.34	121.35	147.98	117.86	127.66	142.06	124.50	143.35
2008	87.18	92.35	98.78	91.58	114.25	87.96	104.55	93.86	95.42
2009	91.02	97.19	93.34	70.22	88.05	96.10	104.28	73.58	89.68
2010	93.55	94.23	95.55	101.75	104.57	97.18	82.91	112.13	95.27
2011	100.20	96.38	100.10	120.60	113.97	110.14	112.31	105.68	99.87
2012	105.44	99.68	98.88	94.08	103.59	100.15	104.95	97.72	95.67
2013	96.05	96.11	101.19	94.98	104.83	92.25	106.73	100.87	108.89
2014	98.41	98.00	101.13	97.34	103.66	98.86	103.25	101.70	101.38
2015	99.59	102.81	98.03	101.10	102.01	100.71	98.38	96.37	91.65
2016	99.15	99.43	103.78	98.26	105.91	106.14	107.51	99.11	101.54
2017	96.26	96.46	94.08	98.31	101.72	94.65	93.95	98.57	96.83

3. 模块的均衡指数

构造中国经济多维均衡指数的第三步是计算各模块的均衡指数。由于每个模块内各变量的指标都属于一类含义，指标地位和重要性也相差不大，而且经过中心化后的变量均衡指数也具有可比性，因此我们选择用算术平均法计算模块均衡指数，既简洁又直接。这里用模块内各变量均衡指数的简单算术平均值计算模块的均衡指数，公式为

$$\mathrm{mci}_{jt}=\frac{1}{n_j}\sum_{1}^{n_j}\mathrm{ci}_{it},\ (\ j=1,2,\cdots,9\ ) \tag{6-5}$$

其中，mci_{jt} 表示第 j 个模块第 t 年的均衡指数，第 j 个模块中的变量个数是 n_j，ci 是变量的均衡指数。9 大经济模块 1994—2017 年的均衡指数序列如表 6–5 所示。

表 6-5　模块均衡指数　　单位：%

年份	GDP模块	供给模块	需求模块	能源环境模块	金融模块	收入模块	财政模块	物价模块	外贸模块
1994	108.41	101.47	108.53	108.75	97.64	100.50	100.58	145.36	143.22
1995	94.40	88.18	101.21	117.50	100.76	90.70	96.95	128.44	91.68
1996	96.95	91.97	108.95	98.21	107.88	112.68	99.85	108.42	91.97
1997	97.92	93.43	88.97	106.23	102.19	84.05	97.68	98.38	100.68
1998	90.01	113.32	95.24	96.99	92.25	85.47	89.74	91.87	85.62
1999	93.81	106.23	96.71	100.55	91.05	89.86	96.09	94.78	91.26
2000	105.53	102.17	112.43	109.01	98.92	91.70	103.44	105.10	103.36
2001	91.69	109.91	90.35	102.38	96.38	104.66	107.84	103.89	92.98
2002	91.95	110.47	98.63	104.84	96.71	99.16	88.40	96.67	96.74
2003	87.06	106.12	92.79	114.43	97.08	90.59	81.25	101.04	96.34
2004	86.43	103.78	95.51	116.39	95.59	87.05	96.27	109.70	99.67
2005	98.62	108.39	105.87	116.18	96.15	98.11	94.96	102.02	98.48
2006	124.29	107.78	110.73	114.66	112.06	112.13	113.04	103.74	112.88
2007	146.15	106.80	134.86	117.61	135.94	123.67	147.98	117.86	133.92
2008	88.23	105.24	96.26	99.53	89.12	92.98	91.58	114.25	94.64
2009	81.47	109.34	100.19	101.37	112.67	92.18	70.22	88.05	81.63
2010	98.35	103.82	90.04	108.58	96.01	94.55	101.75	104.57	103.70
2011	103.25	101.34	111.22	111.81	97.96	100.15	120.60	113.97	102.78
2012	96.22	103.12	102.55	104.51	97.74	102.16	94.08	103.59	96.70
2013	100.42	100.30	99.49	106.14	101.36	98.62	94.98	104.83	104.88
2014	100.96	100.77	101.06	105.59	97.64	99.77	97.34	103.66	101.54
2015	99.73	103.46	99.55	104.79	105.95	98.81	101.10	102.01	94.01
2016	105.07	99.84	106.82	95.73	103.88	101.47	98.26	105.91	100.32
2017	90.91	104.41	94.30	103.78	92.92	95.17	98.31	101.72	97.70

4. 总指数计算

中国经济多维均衡指数是用模块的均衡指数 mci_j 合成，合成方法采用加法模型，即综合指数等于各模块指数的加权之和。各模块指数的权重设定，本书采用主成分分析法赋权。主成分分析法是综合指标计算的方法之一，利用降维的思想，将多个指标转化为少数几个综合指标，这几个综合指标被称为主成分。每个主成分都是全部原始指标的线性组合。主成分分析可以在多个指标中抓住主要矛盾和其中的规律性，该方法已经被普遍应用，可以在很多软件中一步操作出结果。

主成分求解过程就是矩阵结构分析的过程，可以分为协方差矩阵分析和相关矩阵分析。相关矩阵其实就是协方差矩阵的标准化形式，所以适用于度量单位不同或取值范围差异大的数据和指标。[1]而本书要进行主成分分析的指标是各模块的均衡指数，已经进行了无量纲和中心化处理，所以适合选择协方差矩阵作为分析方法。协方差矩阵的特征向量就是主成分的系数向量，特征根就是主成分的方差。

用 9 个模块的均衡指数序列进行主成分分析。首先要进行 KMO 和 Bartlett 的相关性检验，通过检验才能进行主成分分析或因子分析。检验结果如表 6–6 所示，KMO 值是 0.68，说明变量之间具有相关性，Bartlett 的球形度检验，P 值为 0.000，说明在 0.01 的显著性水平下通过相关性检验。

表 6–6　KMO 和 Bartlett 的检验

Kaiser–Meyer–Olkin 检验值	Bartlett 的球形度检验		
	近似卡方检验值	自由度	P 值
0.68	145.42	36	0.000

其次，在分析方法中选择协方差矩阵，输出主成分分析结果，如表 6–7 和表 6–8 所示。表 6–7 是各主成分的特征值和方差贡献率，第一主成分能解释 53.87% 的方差，第二主成分能解释 25.39% 的方差，两者合计的方差贡献率为 79.26%，基本上保留了各模块均衡指数的大部分信息。

表 6–7　主成分的特征值与方差

成份	提取平方和载入		
	特征值	方差贡献率	累积方差贡献率
第一主成分	567.84	53.87	53.87
第二主成分	267.64	25.39	79.26

表 6–8 是两个主成分的得分系数，表示每个主成分中各模块均衡指数的系数。我们将第一主成分的得分系数进行归一化处理，将处理后的系数作为各模块的权重加权求和计算总均衡指数 MBI 指数。主要考虑到以下原因：首先，第一主成分与模块均衡指数原变量的综合相关度最强，其次，第一主成分的方差贡献率达 53.87%，对应着数据变异最大的方向，即数据信息损失最少的一维综合变量，再

[1] 何晓群．多元统计分析（第四版）［M］．北京：中国人民大学出版社，2014（4）．

次，表 6–8 的计算结果中第一主成分的得分系数都是正的，可以作为权重并排序对比。

表 6–8　主成分得分系数矩阵

模块	成份		归一化
	第一主成分	第二主成分	第一主成分
GDP 模块	0.43	0.23	0.17
供给模块	0.03	–0.33	0.01
需求模块	0.39	0.18	0.16
能源环境模块	0.14	0.35	0.06
金融模块	0.38	–0.08	0.15
收入模块	0.38	0.06	0.15
财政模块	0.39	0.24	0.16
物价模块	0.07	0.81	0.03
外贸模块	0.26	0.63	0.11

因此，中国经济增长多维均衡综合指数的计算公式为

$$MEI=w_1\mathrm{mci}_1+w_2\mathrm{mci}_2+\cdots+w_9\mathrm{mci}_9 \tag{6–6}$$

w 是第一主成分的归一化得分系数，mci 是各模块多维均衡指数，加权求和后等于总均衡 MBI 综合指数。中国经济增长多维均衡指数 1994—2017 年的时间序列计算结果如表 6–9 所示。

表 6–9　1994—2017 年的 MBI 指数多维均衡综合指数　　单位：%

年份	MBI 指数	年份	MBI 指数
1994	109.00	2006	114.05
1995	98.25	2007	135.36
1996	103.21	2008	93.20
1997	95.74	2009	90.80
1998	90.74	2010	98.05
1999	93.90	2011	106.68
2000	103.05	2012	98.85
2001	98.11	2013	100.21
2002	95.90	2014	100.11
2003	92.34	2015	100.55
2004	94.95	2016	102.45
2005	99.93	2017	95.53

第二节　综合指数和模块指数分析

一、总指数的发展趋势分析

MBI 指数越接近 100% 表明经济运行越均衡。从模块的均衡指数（如前文表 6–5 所示）和 MBI 指数结果（如前文表 6–9 所示）可知，MBI 指数基本呈现围绕均衡状态 100% 上下波动的走势。2009 年之前，均衡指数变动程度较大，其中均衡偏离程度最大的年份是 2007 年，MBI 指数是 135.36%，第二层指标模块均衡指数中主要是 GDP 模块、财政模块和金融模块发展过热，均衡指数都在 130% 以上。MBI 指数最低的是 2009 年，仅有 90.8%，从 2012 年到 2016 年，MBI 指数与 100% 距离都很近，说明经济均衡状态较稳定且良好。需要注意的是，近两年均衡指数的趋势有向非均衡负向扩大的走向，2017 年 MBI 指数为 95.53%，达 8 年来最低值，其中主要是 GDP 模块（90.91%）、金融模块（92.92%）和收入模块（95.2%）的均衡指数较低，说明目前我国 GDP 和金融市场的均衡状况不太稳定，需要引起重视。

表 6–10 是各级指标的均衡指数 24 年平均值。

表 6–10　各指标均衡指数平均值

单位：%

模块	变量	变量均衡指数平均值	模块均衡指数平均值	经济增长多维均衡指数
GDP 模块	*GDPs*	99.08	99.08	100.46
供给模块	*Ks*	108.20	103.40	
	Wages	98.60		
需求模块	*HCs*	99.42	101.76	
	FIs	104.10		
能源环境模块	*ECs*	106.54	106.90	
	EPs	107.25		
金融模块	*M2s*	98.94	100.66	
	BLs	99.41		
	R	100.78		
	REPs	99.14		
	SPs	105.03		
收入模块	*DIs*	95.32	97.76	
	GI	100.20		

续表

模块	变量	变量均衡指数平均值	模块均衡指数平均值	经济增长多维均衡指数
财政模块	*FRs*	99.26	99.26	100.46
物价模块	*CPI*	106.24	106.24	
外贸模块	*EXs*	100.50	100.70	
	FERs	100.89		

二、分模块指数的发展趋势分析

1.GDP 模块与 MBI 指数

GDP 模块在 MBI 指数的构成中权重最大，2007 年 GDP 增长率均衡指数达到顶峰值，体现出经济过热的状况，使多维均衡总指数也过大。GDP 均衡指数的平均值低于 100%，大多年份的经济增长实际水平低于均衡值，不过失衡程度较小。从图 6–1 可以看出 GDP 均衡指数的变化趋势与 MBI 指数比较一致，并且有带动 MBI 指数变动的趋势。

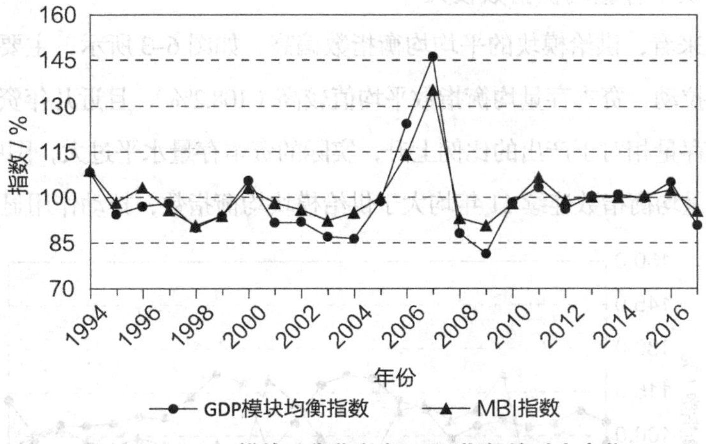

图 6–1　GDP 模块均衡指数与 MBI 指数的时序变化

2. 供给模块与 MBI 指数

图 6–2 中，供给模块均衡指数相对于均衡总指数更平缓，可以看出当 MBI 指数超过 100% 并不断上升时，供给模块均衡指数先一步下降，从而抑制 MBI 指数过大，缓和经济过热趋势，如 1997—2000 年、2005—2007 年；当 MBI 指数低

于100%时，供给模块均衡指数的增大带动MBI指数上升，如2000—2003年、2008—2009年、2016—2017年。可见，供给模块对经济多维均衡总体状态有调节作用。

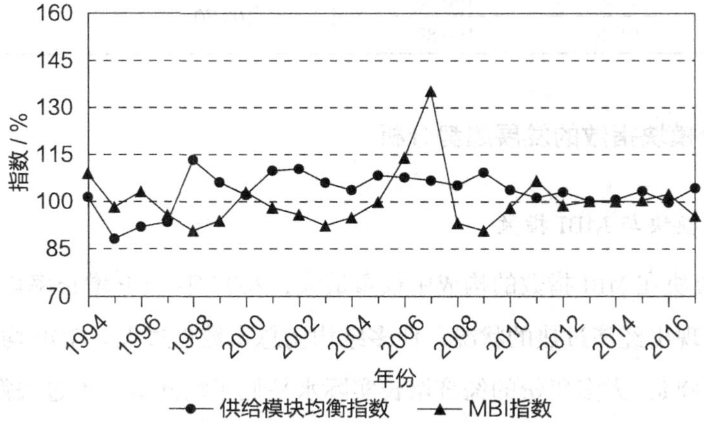

图 6-2　供给模块均衡指数与 MBI 指数的时序变化

第一，资本存量均衡指数较大

进一步来看，供给模块的平均均衡指数偏高，如图6-3所示，主要是资本存量均衡指数的拉动，资本存量均衡指数平均值较高（108.2%），且近几年资本回报率的降低使资本存量相对于产出的比例上升，实际的资本存量水平过大，图中2008年开始，资本存量均衡指数连续11年均大于供给模块均衡指数，拉动作用显著。

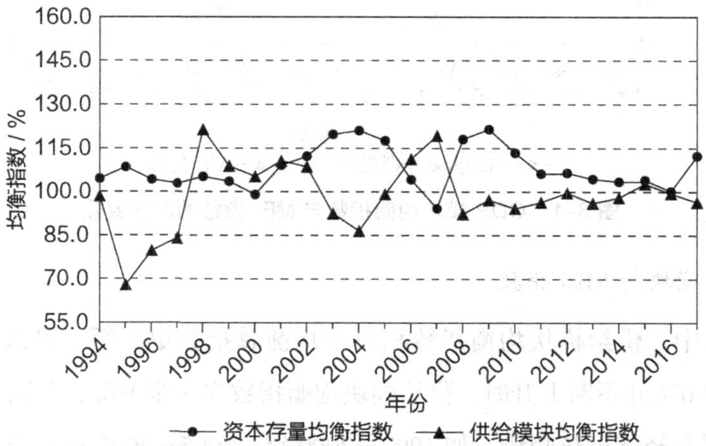

图 6-3　供给模块均衡指数与资本存量均衡指数的时序变化

第二，工资均衡指数仍需提高

供给模块中的工资均衡指数各年平均值为98.60%，低于100%，说明工资整体水平偏低。如图6–4所示，2008年后工资均衡指数仅有2015年大于100%，其余年份工资均衡指数均低于100%，并且2008年后工资均衡指数波动比较平稳，没有明显提高。可见，我国平均工资增长率仍有提升空间。

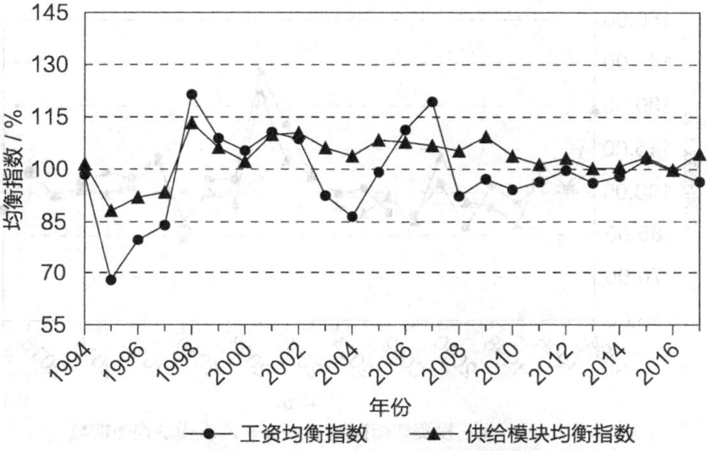

图6–4　供给模块均衡指数与工资均衡指数的时序变化

3. 需求模块与MBI指数

图6–5中，需求模块均衡指数曲线与MBI指数曲线基本吻合，呈同步变化趋势。

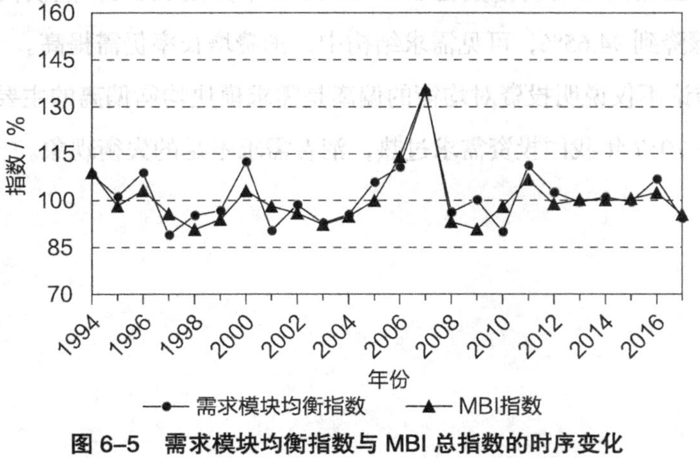

图6–5　需求模块均衡指数与MBI总指数的时序变化

第一，投资均衡指数过大。由表 6–10 可知，需求模块均衡指数平均值为 101.76%，主要是其中投资均衡指数过大的原因，投资均衡指数均值是 104.10%，是所有变量中最大的。如图 6–6 所示，投资均衡指数在 1994—2017 年大部分都高于 100%，尤其是 2007 年，投资均衡指数高达 142.06%，拉动需求模块均衡指数上升到最大值 134.86%，对整个经济系统的多维均衡指数也有明显影响。

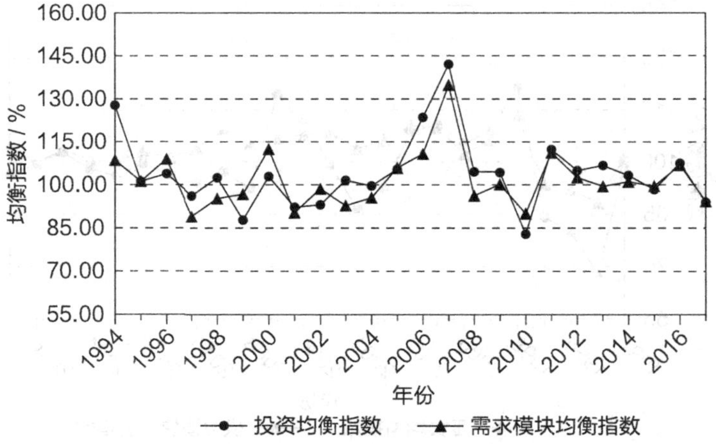

图 6–6　需求模块均衡指数与投资均衡指数的时序变化

第二，消费均衡指数仍偏低。消费均衡指数均值为 99.42，整体水平偏低。如图 6–7 所示，消费均衡指数曲线从 2002 年开始基本都位于需求模块均衡指数曲线下方，虽然消费均衡指数在 2015 和 2016 年突破 100%，但仅仅是短期，在 2017 年又骤降到 94.65%，可见需求结构中，消费增长率仍需提高。

以上结论不仅说明投资对均衡的偏离是需求模块均衡偏离的主要因素，也说明了 1994—2017 年我国投资需求过热，消费需求不足的失衡现象。

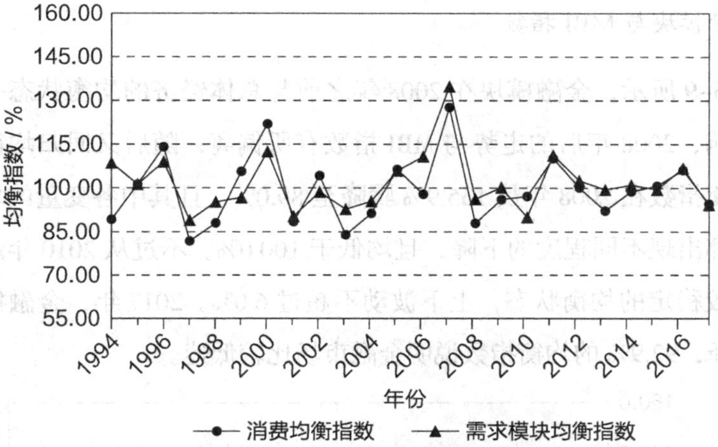

图 6-7　需求模块均衡指数与消费均衡指数的时序变化

4. 能源环境模块与 MBI 指数

由图 6-8 可以看出，能源环境模块均衡指数在 1994—2017 年中基本上大于 100%，且其中 7 年超过 110%。能源环境模块平均均衡指数是所有模块中最大值 106.9%（表 6-10），由于能源环境模块的能源消费均衡指数和环境污染均衡指数都是逆向指标，所以这种过大偏离 100% 的均衡指数反映了我国长期发展中能源消耗和环境污染的不合理。2008 年后能源环境模块均衡指数基本控制在 110% 以内，偏离均衡状态的程度越来越小，这可能得益于我国的节能减排政策。不过，整体水平还是偏高，能耗和环境污染排放仍然是粗放型，需高度重视。

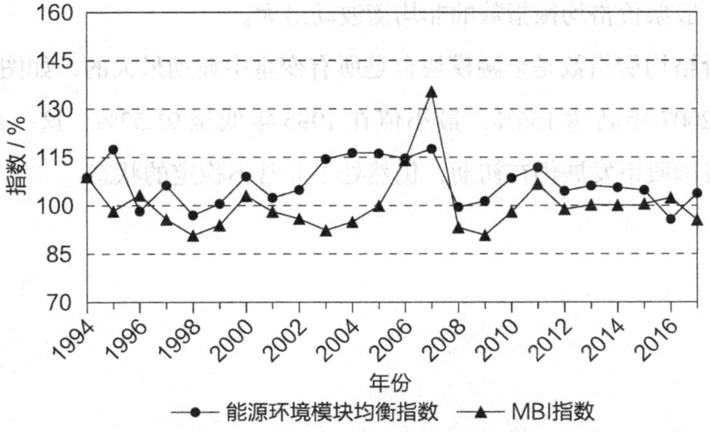

图 6-8　能源环境模块均衡指数与 MBI 指数的时序变化

5. 金融模块与 MBI 指数

如图 6–9 所示，金融模块在 2008 年之前与总体经济的均衡状态一致，受金融危机影响，2008 年后的走势与 MBI 指数有所偏离，随后又回归均衡轨道。金融模块均衡指数在 2008 年从 135.9% 骤降至 89.0%，且其中各变量的均衡指数中心化值也都出现不同程度的下降，且均低于 100.0%。不过从 2010 年起，金融模块就处于较稳定的均衡状态，上下波动不超过 6.0%。2017 年，金融模块均衡指数明显下降，92.9% 的均衡指数说明金融市场比较低迷。

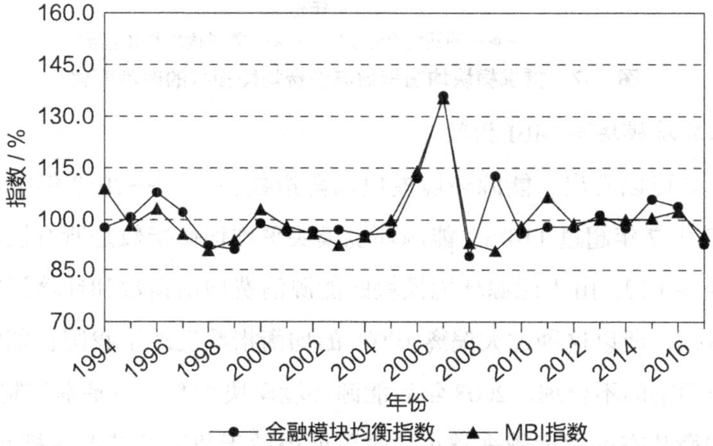

图 6–9 金融模块均衡指数与 MBI 指数的时序变化

第一，股票价格均衡指数的非均衡波动最大。

股票价格均衡指数是金融模块也是所有变量中波动最大的，如图 6–10 所示，最大值在 2007 年高达 156%，最小值在 1995 年低至 91.53%。这一结果并不意外，因为我国股市发展仍在初期，仍然处于非常不稳定的状态。

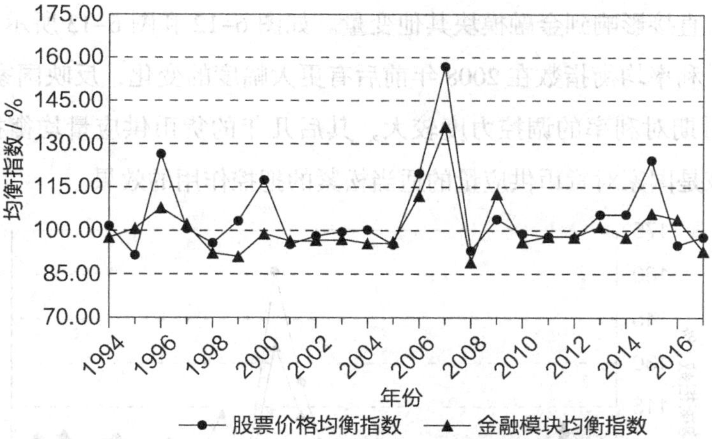

图 6-10 金融模块均衡指数与股票价格均衡指数的时序变化

第二，房地产价格均衡指数的波动较大。

如图 6-11 所示，房地产价格均衡指数在 2003—2010 年波动剧烈，2008 年的房地产价格均衡指数是金融模块变量中最低的，仅有 71.5%，受到金融危机的影响，其均衡指数降幅最大，随后到 2009 年又骤然上升到 126.2%，其波动幅度仅次于股票价格。可见房地产价格对经济波动的敏感度很高。

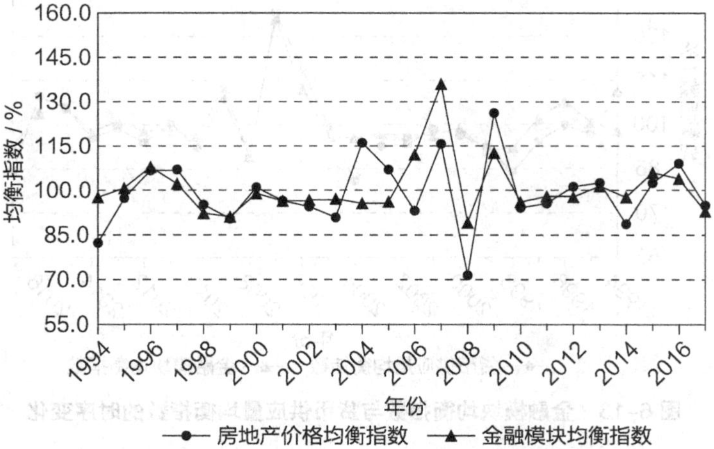

图 6-11 金融模块均衡指数与房地产价格均衡指数的时序变化

第三，利率均衡指数和货币供应量均衡指数波动频繁。

贷款基准利率和货币供应量作为货币政策的工具，两者的均衡指数都有较频繁的波动，直接影响到金融模块其他变量。如图 6-12 和图 6-13 所示，相对于货币供应量，利率均衡指数在 2008 年前后有更大幅度的变化，反映国家在 2008 年金融危机时期对利率的调控力度较大，其后几年的货币供应量均衡指数高低起伏，这应该是国家对货币供应量的适当松紧的把控作用的效果。

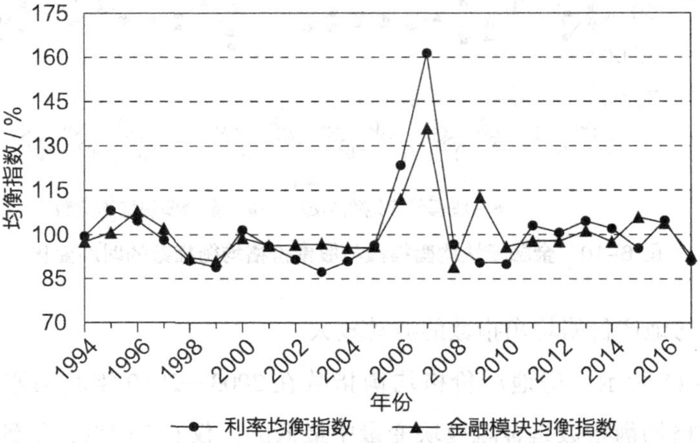

图 6-12 金融模块均衡指数与利率均衡指数的时序变化

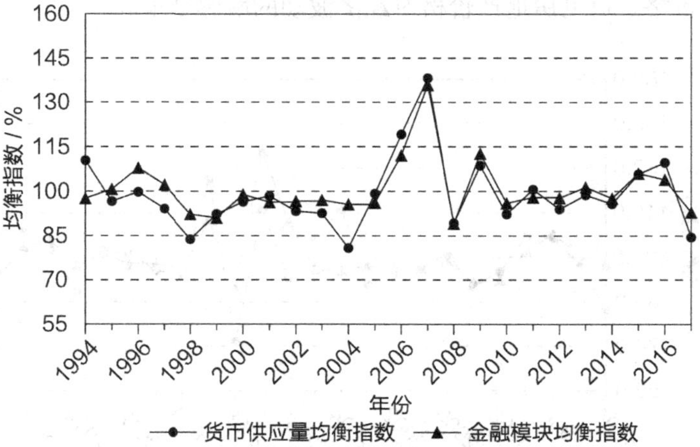

图 6-13 金融模块均衡指数与货币供应量均衡指数的时序变化

第四，贷款均衡指数整体偏低。

如图 6-14 所示，银行贷款均衡指数整体水平偏低，2012 年以来，其均衡状况较好，基本围绕 100% 的水平小幅度变化，较为平缓。2017 年的均衡指数略有下降，有待调整。

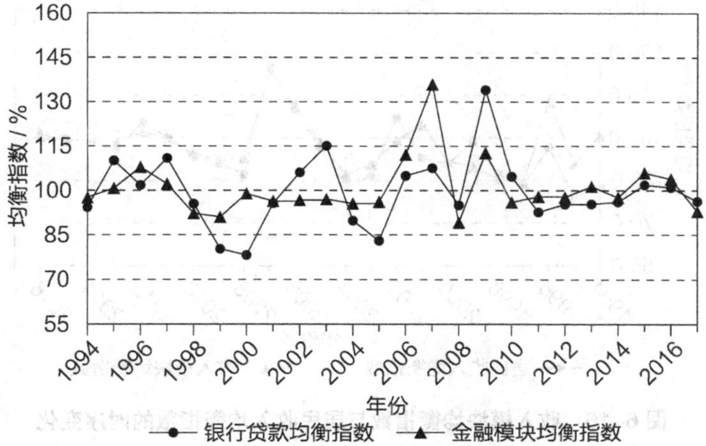

图 6-14　金融模块均衡指数与贷款均衡指数的时序变化

6. 收入模块与 MBI 指数

如图 6-15 所示，收入模块均衡指数整体低于 MBI 指数，且大多年份低于 100%。

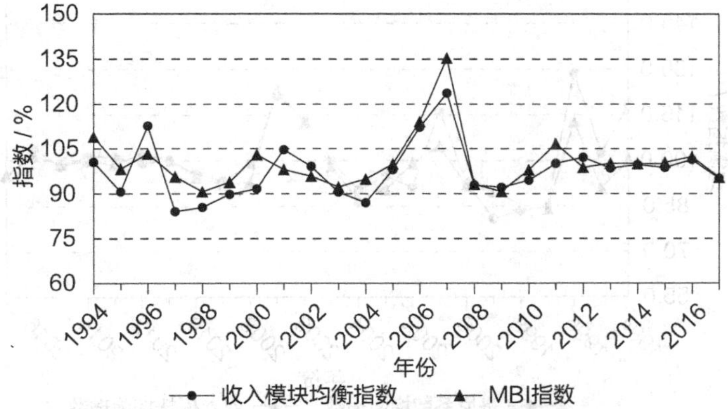

图 6-15　收入模块均衡指数与 MBI 指数的时序变化

第一，如图 6-16 所示，居民收入均衡指数变化较稳定，但是一直低位徘徊。居民收入均衡指数波动幅度较小，2009 年后波动不超过 10%，但是 2013 年以来连续 5 年低于 100%，整体均值仅为 95.3%，说明收入实际水平仍需提高。

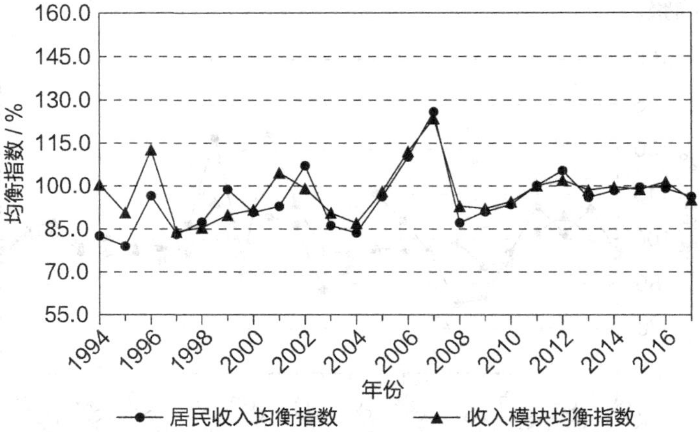

图 6-16 收入模块均衡指数与居民收入均衡指数的时序变化

第二，如图 6-17 所示，基尼系数近年来情况有所改善。基尼系数均衡指数是逆向指标，所以低于 100% 表示实际状况较好，2008 年以来，基尼系数均衡指数多次低于 100%，可见我国居民收入差距有所改善。基尼系数的衡指数均值是 100.2%，接近 100%，整体来看我国居民收入差距失衡问题不大。

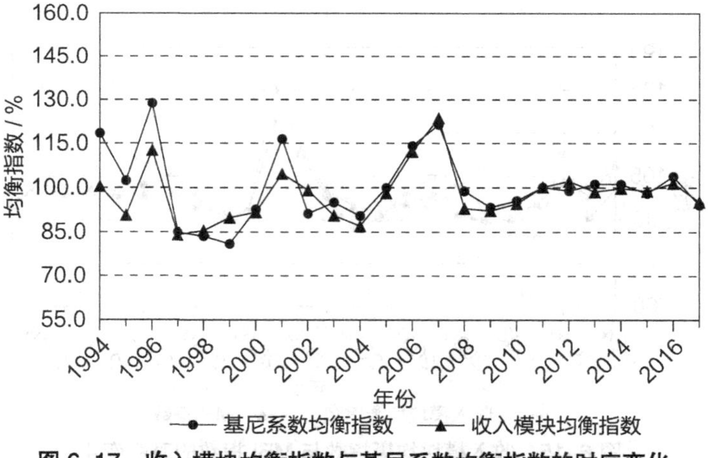

图 6-17 收入模块均衡指数与基尼系数均衡指数的时序变化

7. 财政模块与 MBI 指数

如图 6-18 所示，财政模块均衡指数的极端值差异较大，在 2007 年前后有较大的涨幅和降幅，2007 年达到峰值 147.98%，此时财政收入增长率过高，

2009 年均衡指数低至 70.22%，该年财政收入下降较多，这个阶段财政收入增长率的失衡程度比较严重。2012 年后财政模块均衡指数基本恢复到均衡水平，且 2016 年和 2017 年均衡指数低于 100%，这可能与我国降低财政收入的各项政策有关。

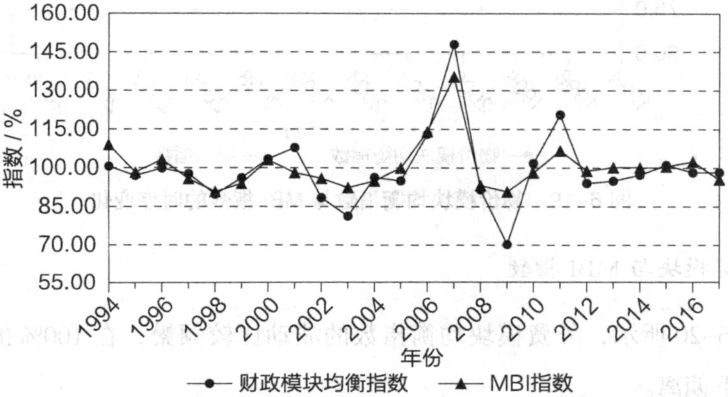

图 6–18　财政模块均衡指数与 MBI 指数的时序变化

8. 物价模块与 MBI 指数

如图 6–19 所示，物价模块均衡指数曲线整体在 MBI 曲线之上，由于 CPI 是逆向指标，所以说明我国通胀率的失衡程度比经济综合失衡程度严重，且近年来已经出现与 PPI 指数长期背离的新特征[1]。9 大经济模块中，物价模块的平均均衡指数与 100% 的偏离程度最大，达 106.2%。CPI 的均衡指数从 2010 年连续 7 年是大于 100%，说明这一阶段我国通货膨胀率整体偏高。2017 年指数略有降低，失衡程度减弱。

[1] 刘雪晨，张晓晶 . 中国 PPI 与 CPI 背离原因分析［J］. 价格理论与实践，2017（4）：88–91.

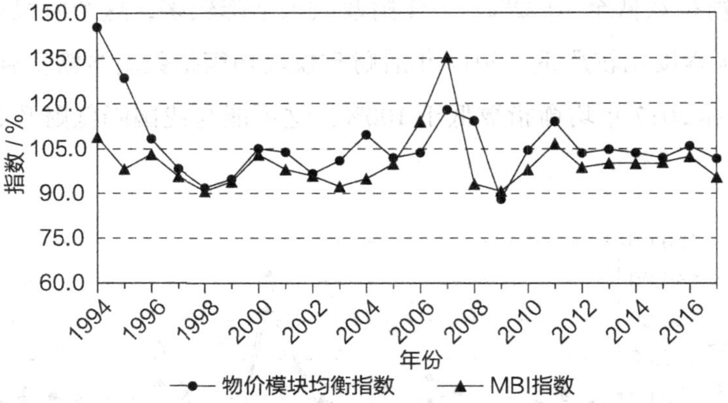

图 6-19　物价模块均衡指数与 MBI 指数的时序变化

9. 外贸模块与 MBI 指数

如图 6-20 所示，外贸模块均衡指数的波动比较频繁，在 100% 的均衡水平线附近上下偏离。

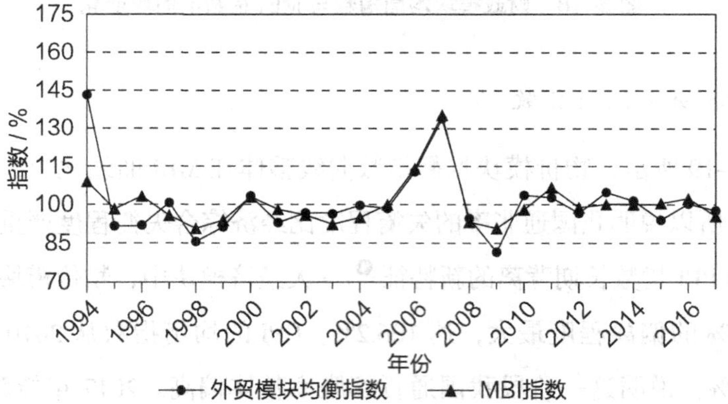

图 6-20　外贸模块均衡指数与 MBI 指数的时序变化

第一，出口均衡指数 2015 年来连续三年低于 100%。

根据 MBRM 模型结果，这主要与汇率上升、人民币贬值有关。如图 6-21 和图 6-22 所示，近几年出口均衡指数的波动要小于外汇储备均衡指数，且 2015—2017 年出口均衡指数均低于 100%。

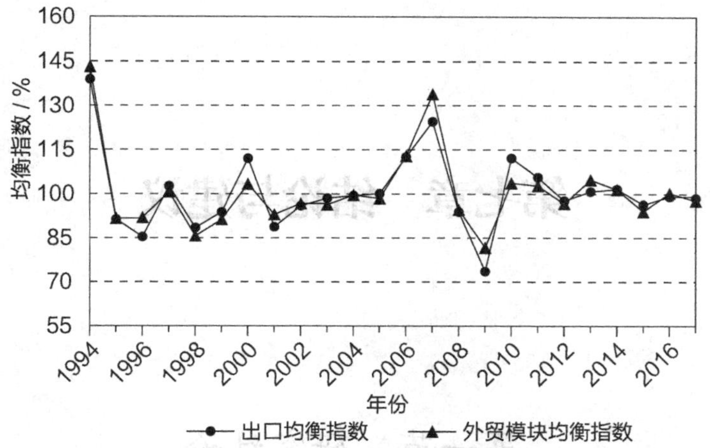

图 6-21　外贸模块均衡指数与出口均衡指数的时序变化

第二，外汇储备均衡指数 2015 年以来降幅较大。

这可能与近年来汇率频繁变动，央行为稳定汇率而消耗外汇储备有关，余永定等[1]指出中国为了稳定汇率在 2014 到 2016 年间用掉了近 8000 亿美元的外汇储备，如此巨额的损失增加了社会收入的不均等化。这一现象体现在外汇储备均衡指数上，如图 6-22 所示，外汇储备均衡指数 2015 年降到 91.7% 和 2017 年 96.8%，外汇储备均衡指数的下降拉低了外贸模块均衡指数。

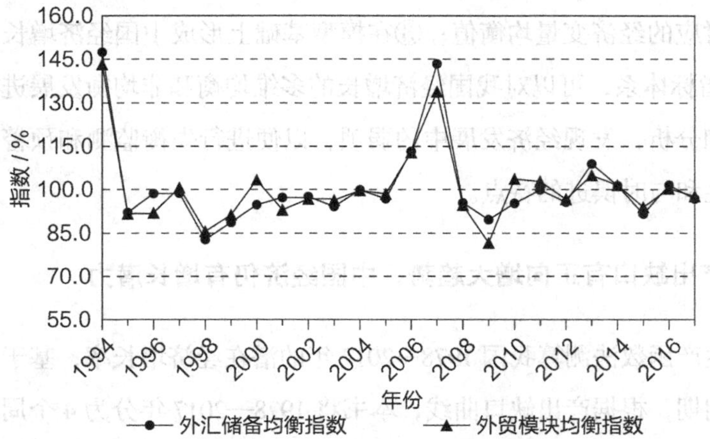

图 6-22　外贸模块均衡指数与外汇储备均衡指数的时序变化

[1] 余永定，肖立晟．论人民币汇率形成机制改革的推进方向［J］．国际金融研究，2016（11）：3-13.

第七章　结论与建议

第一节　研究结论

本书在当前经济面临新常态、多维失衡和经济增长下行压力的情况下，建构了基于“经济增长的多维均衡”概念的一整套均衡模型和均衡测算方法。该套方法不仅可以用于全国经济，也适用于省级、地级经济均衡的测度。这套多维均衡测算方法具有以下几个特点：①在契合于中国国情的条件下，模拟了均衡的经济系统运行，刻画了经济系统内部模块之间和变量之间的多维均衡关系；②在多维均衡结构中，可获得多水平的经济变量均衡值，不同水平的潜在经济增长率都可以得到对应的经济变量均衡值；③在模型基础上形成中国经济增长多维均衡指数 MBI 的指标体系，可以对我国经济增长的多维均衡和非均衡发展进行全方位的实际测算和分析，发现经济发展中的弱项，以便进行失衡监测和预警，具有动态性、可比性和与时俱进的特点。

一、产出缺口有正向增大趋势，中国经济仍有增长潜力

基于生产函数法测算我国 1978—2017 年的潜在经济增长率，基于产出缺口划分了经济周期，根据产出缺口曲线，本书将 1978—2017 年分为 4 个周期，目前正处于第 4 个经济周期。第 1 个周期，1978—1988 年，1982 年产出缺口达到谷底，这一时期是消费主导时期；第 2 个周期，1988—1994 年，产出缺口在 1990 年到达谷底，这一阶段是投资率迅速上升的时期；第 3 个周期，1995—2007 年，产出缺口在 2005 年到达谷底，这一阶段是投资主导时期，不过中国经济发展中的供给过

剩问题已经开始突显。第 4 个周期，2008 年至今，属于经济转型期。

我国当前的产出缺口很小，从 2009 年后连续 9 年都不超过 1%，说明这个阶段实际经济增长率与潜在经济增长率大致相等，并且产出缺口走势仍处于周期的前半段，本书认为当前周期产出缺口不超过 1% 的形势体现了我国政府维稳的决心和力度，只要把产出缺口控制在这个小区间，政府就无需对经济放缓过分担忧，还有希望进入产出缺口的后半段上升期，中国经济仍有增长潜力。

二、我国经济多维均衡有较大压力，GDP 模块、金融模块和收入模块是主要原因

总均衡指数 MBI 的分析结果显示：近两年均衡指数的趋势有向非均衡负向扩大的走向，2017 年 MBI 指数是 2010 年以来的最低值，说明目前我国整体均衡状况不太稳定且有变差的趋势，需要引起重视。MBI 指数的时序变化如图 7–1 所示。

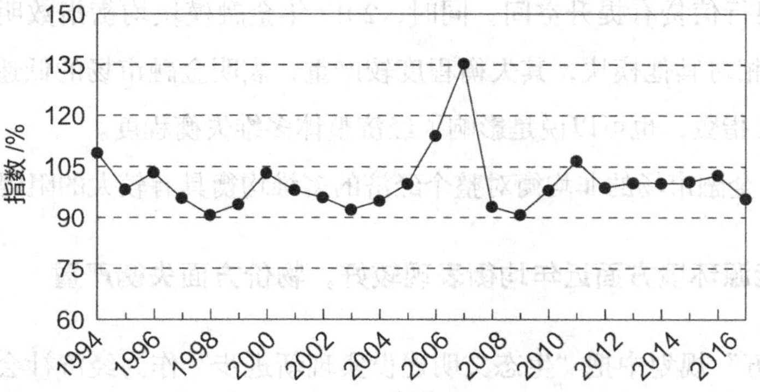

图 7–1　MBI 指数的时序变化

其中主要是 GDP 模块、金融模块和收入模块的均衡指数较低。从第六章第二节的分析结果可知，GDP 模块有带动 MBI 指数变动的趋势，2016 年以来 GDP 均衡指数的大幅下降导致 MBI 指数随之下降。金融模块 2017 年的均衡指数明显下降，反映金融市场比较低迷，这也是多维均衡指数降低的一大原因。收入模块的平均均衡指数是所有模块最低的，是最弱项。

可见，在发挥我国经济增长潜力之前，最重要的是改善我国多维失衡状况，

并且可以从经济增长、金融市场和居民收入这三方面采取措施。

三、金融市场的非均衡对整个经济的多维均衡具有较大阻碍

金融市场在投资中的作用显而易见，而投资是中国经济增长长期以来的重要源泉，从而金融市场发展对经济增长的影响在理论逻辑上首先就被肯定。在我们的研究结果中，进一步证明了这点：第四章 MBRM 模型中 GDP 方程中银行贷款的弹性系数为 0.50，高于其他变量的弹性系数；在第六章的权重设定中，金融模块均衡指数的权重达 15%，仅次于 GDP 模块、收入模块和财政模块。因此，金融市场首先在经济增长的影响因素中占据重要地位。

由均衡指数测算结果可知，金融模块中，股票价格均衡指数和房地产价格均衡指数失衡幅度较大，说明资产价格的失衡状况严重；利率均衡指数与货币供应量均衡指数的波动较频繁，说明两者均衡状况并不稳定；贷款均衡指数整体偏低，说明银行信贷有提升空间。同时，2017 年金融模块均衡指数明显下降，仅为 92.9%，相对其他模块，其失衡程度较严重，表明金融市场的低迷状况，严重拉低了 MBI 指数，也可以说是影响了经济整体多维失衡程度。

所以，金融市场的非均衡对整个经济的多维均衡具有较大的阻碍作用。

四、能源环境方面近年均衡表现较好，物价方面失衡严重

“十四五”规划中把“生态文明建设实现新进步”作为经济社会发展主要目标之一。能源环境模块近年来均衡指数表现比之前较好，2008 年后能源环境模块均衡指数基本控制在 110% 以内，偏离均衡状态的程度越来越小。物价模块均衡指数曲线整体在 MBI 曲线之上，由于 CPI 是逆向指标，所以说明我国通胀率的失衡程度比经济综合失衡程度严重，且 9 大经济模块中，物价模块的平均均衡指数与 100% 的偏离程度最大。CPI 的中心化均衡指数从 2010 年连续 7 年大于 100%，可见近年来通胀水平失衡严重。

五、收入方面均衡水平稳定，外贸方面均衡水平波动频繁

从收入角度看，收入模块整体表现较稳定，但是一直低位徘徊，居民收入均衡指数波动幅度较小，2009 年后波动差值不超过 10%，但是 2013 年以来连续 5 年低于 100%，整体均值仅为 95.3%，说明收入实际水平仍需提高。供给模块中工资均衡指数也基本低于 100%，仍有提高空间。

外贸模块的均衡指数波动比较频繁，可能受美元加息、中美贸易战的影响，且 2015—2017 年出口均衡指数均低于 100%。这三年外贸方面低迷状况一定程度上也拉低了整体多维均衡水平，应该引起一定关注。

第二节 相关建议

真正改善经济的失衡状况并非一日之功，也绝非易事，政府可以通过中国经济增长多维均衡指数体系的趋势变化和各层指标值变化及时掌握发展态势，从而因时制宜调整相关政策和措施。根据 MBI 指数体系各层均衡指数大小和方向，为政策的着力点和力度提供参考。中国经济增长仍有很大潜力，在这一过渡阶段要在明确多维均衡弱点的前提下因地制宜寻找政策突破点，才能发挥经济增长的最大潜力。

一、紧抓消费需求，重点调整需求侧供给

从 MBI 指数体系中可知，需求模块中的消费均衡指数低于 100%，亚当 · 斯密在《国富论》的开篇语就有暗示，经济活动的最终目的就是消费，消费不仅对经济增长有拉动作用，更是提高居民生活水平的途径，所以政策实施应紧抓需求侧，令消费重新成为拉动经济增长的主要动力，从而消费均衡指数上升到 100%，投资率相应降低，使过大的投资均衡指数下降到 100%，这样不仅有利于经济增长，更有利于经济的均衡可持续性。

二、坚持供给侧结构性改革，合理改善供给结构

供给模块对经济多维均衡总体状态有调节作用，而供给模块的资本存量均衡指数中心值远高于100%。这样的测算结果给我们的启示是：重视资本存量的调整。需求侧的规划要以供给侧结构性改革作为突破点，通过增加高技术含量的生产性产品供给和符合居民需求的消费性产品供给，实现有效供给、改善供给结构，才能从数量和质量上扩大居民有效需求，才能提高资本产出比，也使过高的资本存量均衡指数降到100%。

三、关注公平与效率，适当改善收入均衡

收入方面的均衡状况略差，工资和居民收入均有较大提升空间。随着城镇化战略的推进和对中低收入群体更有力度的个税制度，进城务工的农民工和普通劳动者越来越有潜力成为新兴消费者的主体，蔡昉、都阳[1]的研究表明农民工工资提高一个层次，消费水平可以大幅提高117.8%，低收入人群脱贫后，消费水平提高120.5%。在当前居民收入和劳动者工资均衡指数均低于100%的情况下，应继续推进政策提高中低收入群体的收入和工资，改善劳动市场的性别平等和性别收入均衡[2]，在保证效率的前提下合理调整收入分配结构，更大范围地实施社会保障和公共服务项目，培育新的消费群体，使其有力地带动消费需求的提高。

四、监管金融失调，完善市场监管和调控

在货币供应量和利率政策上，货币政策的调整不仅考虑内部经济，同时要兼顾外贸方面，特别是中美贸易摩擦，在当前外贸波动频繁的状况下，应充分考虑金融市场对整个经济均衡增长的影响。

银行信贷与经济增长的互动效应已经在模型结果中得到证实，信贷的货币政策传导机制对经济增长也有不容忽视的影响。对此，应该加大结构性信贷的调控

---

[1] 蔡昉，都阳．工资增长、工资趋同与刘易斯转折点［J］．经济学动态，2011（9）：9-16.

[2] 刘雪晨，李宝瑜．企业所有制属性、性别差异与人力资本回报效率——基于CGSS 2015的实证研究［J］．河南师范大学学报（哲学社会科学版），2019，46（2）：72-77.

和指导，配合产业转型战略，限制高能耗、高污染产业的银行贷款额度，鼓励高新技术产业的贷款，从金融方面促进经济发展的结构调整和产业规划。

加强金融监管，规范股票交易和房地产投资。在房地产价格上，应出台政策调整房地产市场失衡现象，抑制房地产投资乱象，解除房地产泡沫对经济增长的绑架、对均衡增长的阻碍，也能够在一定程度上过高的控制通货膨胀。加快社会征信体系建设，提高金融服务能力，促进金融市场发展。改善实际投资环境，实现金融市场与经济增长的良性互动关系。

在多维均衡测度结果的分析和预警下提出上述措施，不仅可以有效促进经济可持续增长，而且从需求侧和供给侧同时规划经济增长中的多维均衡发展，使中国经济发展平稳尽快经过过渡期进入以城市化和服务业的发展为主推动经济稳定发展、以效率提高促进结构规划的经济增长路径第二阶段。

第三节 展 望

本书构建的中国经济增长多维均衡模型 MBM 系统和 MBI 指数作为一套多维均衡测度方法，力图契合于中国经济发展实情，具有灵活性和可操作性。之后也可以更新数据，重新估计得到新的 MBI 指数，可以随时监测中国经济增长的多维均衡发展情况。由于作者的水平所限，研究仍有不完善之处，比如在多维均衡关系模型中的模型形式设计可以更多样化，比如在多维均衡规划模型中约束条件可以进一步丰富化，比如在多维均衡指数的权重设定上可以更加创新。在方法框架下，未来可以对 MBRM 模型的变量和方程设计、对 MBPM 模型的目标和约束的补充进行更完善更合理的调整，也可以考虑使用蒙特卡洛模拟抽样获取模拟样本[1]来应对变量数据不可得的问题，以期得到更贴合经济增长现状的多维均衡系统和多维均衡指数。

[1] 刘雪晨，李宝瑜，张晰．蒙特卡洛特征样本采样方法研究［J］．统计与信息论坛，2019，34（1）：3-12.

附　录

附表一　我国经济变量各指标数据 I

年份	国内生产总值指数/%	第二产业增加值比重/%	居民消费水平指数/%	CPI/%	固定资产投资价格指数/%	人民币对美元汇率（美元 =100）/元	基尼系数
1993	113.9	46.2	110.5	114.7	126.6	576.2	0.359
1994	113.0	46.2	106.8	124.1	110.4	861.87	0.436
1995	111.0	46.8	108.3	117.1	105.9	835.1	0.436
1996	109.9	47.1	109.6	108.3	104	831.42	0.485
1997	109.2	47.1	104.6	102.8	101.7	828.98	0.403
1998	107.8	45.8	105.6	99.2	99.8	827.91	0.403
1999	107.7	45.4	108.3	98.6	99.6	827.83	0.397
2000	108.5	45.5	110.6	100.4	101.1	827.84	0.417
2001	108.3	44.8	106.1	100.7	100.4	827.7	0.49
2002	109.1	44.5	108.4	99.2	100.2	827.7	0.454
2003	110.0	45.6	105.8	101.2	102.2	827.7	0.479
2004	110.1	45.9	107.2	103.9	105.6	827.68	0.473
2005	111.4	47.0	109.7	101.8	101.6	819.17	0.485
2006	112.7	47.6	108.4	101.5	101.5	797.18	0.487
2007	114.2	46.9	112.8	104.8	103.9	760.4	0.484
2008	109.7	46.9	108.3	105.9	108.9	694.51	0.491
2009	109.4	45.9	109.8	99.3	97.6	683.1	0.49
2010	110.6	46.4	109.6	103.3	103.6	676.95	0.481
2011	109.5	46.4	111.0	105.4	106.6	645.88	0.477
2012	107.9	45.3	109.1	102.6	101.1	631.25	0.474
2013	107.8	44.0	107.3	102.6	100.3	619.32	0.473
2014	107.3	43.1	107.7	102.0	100.5	614.28	0.469
2015	106.9	40.9	107.5	101.4	98.2	622.84	0.462
2016	106.7	39.9	107.6	102.0	99.4	664.23	0.465
2017	106.9	40.5	105.9	101.6	105.8	675.18	0.467

附表二 我国经济变量各指标数据Ⅱ

单位：%

年份	出口增长率	外汇储备增长率	贷款增长率	贷款基准利率	M2增长率	环境污染指数	能源消费增长率
1993	113.01	109.03	128.02	10.17	137.31	106.71	106.25
1994	197.20	243.50	121.30	10.17	134.53	101.50	105.81
1995	119.48	142.57	126.44	12.06	129.47	129.86	106.88
1996	101.00	142.74	121.00	10.53	125.26	82.11	103.06
1997	120.55	133.17	122.50	8.64	119.58	116.44	100.53
1998	100.41	103.62	115.50	7.08	114.84	92.28	100.20
1999	106.15	106.70	108.33	5.85	114.74	88.81	103.22
2000	127.69	107.05	106.01	5.85	112.27	107.43	104.55
2001	106.74	128.14	113.03	5.85	117.60	97.59	105.84
2002	122.35	134.99	116.90	5.31	116.87	98.92	109.02
2003	134.66	140.80	121.10	5.31	119.58	106.85	116.22
2004	135.32	151.25	112.08	5.58	114.86	109.57	116.84
2005	127.58	134.26	109.26	5.58	117.57	113.04	113.50
2006	123.86	130.22	115.75	5.99	115.67	101.57	109.60
2007	120.58	143.32	116.13	6.93	116.74	95.33	108.72
2008	107.30	127.34	115.94	6.34	117.78	94.04	102.94
2009	81.71	123.28	131.74	6.34	128.42	95.39	104.84
2010	130.47	118.68	119.89	5.69	118.95	98.69	107.30
2011	115.15	111.72	114.35	6.31	117.32	101.51	107.32
2012	104.96	104.10	114.96	6.16	114.39	95.49	103.90
2013	106.01	115.39	114.14	6.16	113.59	96.51	103.67
2014	104.92	100.57	113.60	5.6	111.01	96.58	102.13
2015	98.11	86.66	115.03	4.85	113.34	94.17	100.96
2016	98.05	90.40	113.46	4.85	111.33	59.33	101.38
2017	110.76	104.30	112.69	4.85	109.04	79.37	103.02

附表三　我国经济变量各指标数据Ⅲ　　单位：%

年份	工资实际增长率	财政收入增长率	居民收入实际增长率	房地产价格增长率	股票价格增长率	资本存量实际增长率	投资实际增长率
1993	108.41	124.85	107.32	129.75	540.43	108.84	127.79
1994	108.48	119.99	108.77	109.14	227.20	111.53	118.09
1995	100.64	119.63	107.95	112.92	49.46	113.55	110.93
1996	103.25	118.68	109.94	113.51	531.81	112.26	110.05
1997	104.82	116.78	106.12	110.58	143.90	111.95	107.03
1998	116.48	114.16	106.73	103.30	77.30	112.97	114.12
1999	113.31	115.88	108.51	99.52	132.59	112.50	105.52
2000	111.74	117.05	106.31	102.87	194.14	111.03	109.06
2001	115.28	122.33	108.58	102.75	55.15	114.99	112.60
2002	115.13	115.36	112.24	103.69	81.65	116.37	116.66
2003	111.56	114.87	109.19	104.84	115.21	119.23	124.99
2004	109.69	121.56	108.80	117.76	132.96	119.49	120.11
2005	112.30	119.90	110.80	114.03	74.80	117.68	123.98
2006	112.90	122.47	111.58	106.29	286.88	112.31	122.08
2007	113.10	132.41	113.36	114.77	509.74	108.71	120.16
2008	110.38	119.50	109.56	98.35	58.47	117.92	115.57
2009	112.37	111.72	111.09	123.18	200.79	119.57	133.15
2010	109.70	121.28	110.43	107.50	105.54	116.51	108.17
2011	108.53	125.00	110.61	106.46	74.60	113.61	116.10
2012	109.05	112.88	111.41	108.10	74.63	113.30	118.98
2013	107.29	110.20	108.67	107.70	148.74	112.05	118.75
2014	107.33	108.64	108.37	101.39	158.88	111.23	114.16
2015	108.54	108.48	108.09	107.42	343.53	111.02	111.77
2016	106.80	104.82	106.91	110.05	49.96	109.34	108.56
2017	108.26	108.14	107.72	105.56	88.31	113.51	99.94

附表四 我国经济变量的约束序列

单位：%

年份	能源消费增长率	环境污染指数	居民收入实际增长率	CPI	工资实际增长率	股票价格增长率	资本存量实际增长率
1993	103.85	88.93	113.07	109.62	111.60	329.17	111.20
1994	103.59	85.81	114.98	116.05	111.19	150.72	112.26
1995	104.20	111.00	111.42	111.26	106.59	49.46	112.29
1996	101.92	73.87	112.02	105.24	107.19	324.26	111.15
1997	100.41	102.33	106.98	101.47	107.51	103.27	110.66
1998	100.20	84.54	107.26	99.01	111.98	65.32	110.58
1999	101.99	81.87	109.10	98.60	110.52	96.82	110.30
2000	102.79	95.91	106.83	99.83	110.31	131.88	109.90
2001	103.55	88.23	109.25	100.04	111.89	52.70	112.07
2002	105.45	88.35	112.99	99.01	112.27	67.80	113.30
2003	109.73	97.85	109.79	100.38	111.23	86.92	115.48
2004	110.10	91.65	109.46	102.23	110.45	97.03	115.84
2005	108.13	96.99	111.38	100.79	112.28	63.90	115.36
2006	105.83	86.22	112.12	100.58	113.33	184.72	112.46
2007	105.32	79.41	114.01	102.84	114.25	311.68	110.69
2008	101.85	83.71	110.01	103.59	110.54	54.59	114.87
2009	102.97	85.15	111.36	99.08	111.31	135.68	115.98
2010	104.44	86.39	110.75	101.82	110.79	81.41	114.55
2011	104.44	89.96	110.93	103.25	109.66	63.78	112.30
2012	102.40	87.01	111.66	101.34	108.95	63.80	111.60
2013	102.26	87.95	108.84	101.34	108.11	106.02	110.75
2014	101.34	88.59	108.51	100.93	107.90	111.80	110.07
2015	100.64	87.14	108.21	100.52	108.22	216.99	109.83
2016	100.89	59.33	107.01	100.93	107.28	49.75	108.61
2017	101.87	75.22	107.82	100.65	108.04	71.60	111.68

附表五　我国经济变量的趋势序列 I

年份	国内生产总值指数/%	第二产业增加值比重/%	居民消费水平指数/%	CPI/%	固定资产投资价格指数/%	人民币对美元汇率（美元 =100）/元	基尼系数
1993	113.76	46.54	109.30	113.25	120.47	690.31	0.39
1994	112.45	46.54	108.54	111.30	114.08	753.76	0.41
1995	111.16	46.51	107.97	108.78	108.68	798.96	0.43
1996	110.01	46.42	107.50	105.85	104.64	824.94	0.43
1997	109.08	46.23	107.11	103.09	101.93	836.52	0.43
1998	108.43	45.97	107.10	100.99	100.38	839.57	0.42
1999	108.16	45.71	107.37	99.76	99.79	838.75	0.43
2000	108.24	45.53	107.58	99.30	99.89	836.83	0.44
2001	108.61	45.46	107.54	99.34	100.35	834.86	0.45
2002	109.20	45.55	107.55	99.67	101.06	832.45	0.46
2003	109.93	45.79	107.67	100.21	101.90	828.06	0.47
2004	110.68	46.13	108.09	100.77	102.62	819.37	0.48
2005	111.35	46.47	108.72	101.18	103.01	804.03	0.48
2006	111.76	46.73	109.32	101.53	103.35	781.01	0.49
2007	111.72	46.83	109.80	101.81	103.67	751.70	0.49
2008	111.19	46.76	109.93	101.89	103.74	720.09	0.49
2009	110.54	46.55	109.95	101.79	103.33	691.53	0.49
2010	109.89	46.18	109.84	101.80	103.06	667.31	0.48
2011	109.19	45.63	109.57	101.79	102.63	647.36	0.48
2012	108.48	44.87	109.06	101.61	101.80	633.15	0.48
2013	107.89	43.95	108.45	101.37	101.00	625.92	0.47
2014	107.41	42.92	107.91	101.12	100.54	626.59	0.47
2015	107.04	41.84	107.41	100.90	100.59	635.04	0.47
2016	106.78	40.80	106.90	100.73	101.35	649.17	0.47
2017	106.56	39.80	106.31	100.58	102.62	664.94	0.46

附表六 我国经济变量的趋势序列Ⅱ

单位：%

年份	出口增长率	外汇储备增长率	贷款增长率	贷款基准利率	M2增长率	环境污染指数	能源消费增长率
1993	142.64	162.29	126.13	10.95	137.58	90.65	104.02
1994	138.53	159.85	124.08	10.71	133.14	91.41	103.35
1995	129.68	152.10	122.06	10.34	128.66	91.89	102.65
1996	120.74	142.05	120.07	9.63	124.31	90.93	101.94
1997	114.72	131.81	118.17	8.65	120.41	90.40	101.47
1998	111.47	123.52	116.44	7.61	117.41	89.48	101.51
1999	111.79	119.47	115.07	6.70	115.65	89.22	102.12
2000	114.70	119.98	114.21	6.05	115.04	89.91	103.20
2001	118.30	124.05	113.88	5.65	115.35	90.63	104.59
2002	122.80	129.44	113.94	5.45	115.92	91.47	106.09
2003	126.53	134.27	114.22	5.42	116.43	92.08	107.31
2004	127.78	137.24	114.64	5.55	116.73	91.65	107.79
2005	126.11	137.70	115.22	5.76	117.15	90.28	107.42
2006	122.30	136.41	115.95	6.01	117.75	88.06	106.49
2007	117.37	133.77	116.70	6.22	118.63	86.19	105.39
2008	112.59	129.57	117.33	6.30	119.58	85.53	104.40
2009	109.73	124.55	117.69	6.30	120.07	85.89	103.81
2010	109.72	119.22	117.61	6.24	119.30	86.77	103.46
2011	109.01	113.99	117.19	6.16	117.79	87.55	103.10
2012	107.38	109.18	116.58	6.04	116.00	87.55	102.62
2013	105.58	104.92	115.88	5.84	114.34	86.50	102.11
2014	103.97	100.79	115.15	5.55	112.93	84.01	101.65
2015	102.97	97.47	114.40	5.24	111.80	79.94	101.33
2016	103.19	95.56	113.65	4.96	110.65	74.87	101.18
2017	104.42	94.62	112.89	4.70	109.44	70.55	101.16

附表七 我国经济变量的趋势序列Ⅲ

单位：%

年份	工资实际增长率	财政收入增长率	居民收入实际增长率	房地产价格增长率	股票价格增长率	资本存量实际增长率	投资实际增长率
1993	110.92	123.29	114.10	123.01	256.71	111.61	123.57
1994	109.72	121.28	112.96	117.82	210.89	111.47	118.53
1995	108.69	119.52	111.65	113.71	176.67	111.31	114.16
1996	108.36	118.06	110.34	110.36	156.01	111.15	111.08
1997	108.77	116.94	109.15	107.35	130.52	111.06	109.37
1998	109.62	116.34	108.46	104.74	108.75	111.10	108.95
1999	110.32	116.38	108.32	103.11	94.86	111.33	109.38
2000	110.87	116.84	108.59	102.82	86.07	111.76	111.02
2001	111.33	117.44	109.23	103.64	79.93	112.37	113.63
2002	111.59	117.90	109.95	105.35	81.31	113.03	116.67
2003	111.72	118.76	110.43	107.61	90.70	113.61	119.40
2004	111.92	120.12	110.87	109.79	106.47	113.99	121.12
2005	112.29	121.48	111.36	110.82	126.35	114.13	121.98
2006	112.57	122.56	111.73	110.92	146.59	114.09	122.02
2007	112.47	122.84	111.86	110.80	153.41	114.01	121.55
2008	111.91	121.76	111.67	110.46	139.17	113.92	120.93
2009	111.25	120.32	111.43	110.50	121.53	113.69	120.27
2010	110.52	119.15	111.13	109.61	104.62	113.26	118.82
2011	109.75	117.49	110.76	108.49	94.83	112.66	117.93
2012	109.04	114.94	110.24	107.52	94.85	111.99	117.20
2013	108.46	112.29	109.55	106.73	102.39	111.34	115.97
2014	108.08	110.00	108.85	106.27	110.20	110.78	113.83
2015	107.85	108.22	108.22	106.43	111.61	110.33	110.85
2016	107.71	106.84	107.68	106.73	100.20	110.01	107.14
2017	107.66	105.84	107.23	106.82	86.43	109.78	102.95

参考文献

[1] 蔡昉，都阳．工资增长、工资趋同与刘易斯转折点［J］．经济学动态，2011（9）．
[2] 蔡昉，陆旸．中国经济的潜在增长率［J］．经济研究参考，2013（24）．
[3] 蔡昉．两个“L”型轨迹——中国经济增长中期和长期展望［J］．财经智库，2017，2（2）．
[4] 陈斌开，陆铭．迈向平衡的增长：利率管制、多重失衡与改革战略［J］．世界经济，2016，39（5）．
[5] 陈成，万相昱．中国宏观经济联立方程模型以及预测［J］．数量经济研究，2018，9（1）．
[6] 陈信华．开放经济国际收支调节论［M］．上海：立信会计出版社，2000.
[7] 陈彦斌，姚一旻．中国经济增速放缓的原因、挑战与对策［J］．中国人民大学学报，2012，26（5）．
[8] 陈志勇，夏晶．中国经济内外失衡的测度与分析——基于经济失衡度指标体系的构建［J］．当代财经，2012（7）．
[9] 程实．基于均衡视角的财政货币政策搭配研究［D］．上海：复旦大学，2007.
[10] 崔光灿．资产价格、金融加速器与经济稳定［J］．世界经济，2006（11）．
[11] 崔俊富，苗建军，陈金伟．如何保证中国经济长期平稳增长？——基于联立方程模型的讨论［J］．首都经济贸易大学学报，2015，17（4）．
[12] 邓创，赵珂，邱晓勇．中国信贷周期波动的新特征及其经济增长效应分析［J］．江苏社会科学，2019（1）．
[13] 段平方．马克思的宏观经济均衡思想与中国经济均衡发展［J］．江汉论坛，2009（3）．
[14] 樊纲．论均衡、非均衡及其可持续性问题［J］．经济研究，1991（7）．
[15] 方福前，王晴．动态随机一般均衡模型：文献研究与未来展望［J］．经济理论与经济管理，2012（11）．
[16] 冯涛，杨达．我国宏观经济政策效应的模拟分析——基于季度宏观经济联立方程模型［J］．东北大学学报（社会科学版），2010，12（4）．
[17] 付才辉．为增长而失衡——中国式发展的经验与理论［J］．南开经济研究，2015（6）．
[18] 傅强，张小漫，张亚军．环境污染与经济增长、能源消费、FDI 和城镇化的双向耦合关系［J］．华东经济管理，2017，31（1）．

［19］《国家财政模型》课题组．我国宏观经济计量模型及政策模拟分析［J］．中国软科学，2000（8）．
［20］高铁梅，梁云芳，何光剑．中国季度宏观经济政策分析模型——对宏观经济政策效应的模拟分析［J］．数量经济技术经济研究，2007（11）．
［21］高铁梅，梁云芳．论中国增长型经济周期波动及适度增长区间［J］．经济学动态，2005（8）．
［22］郭晗，任保平．结构变动、要素产出弹性与中国潜在经济增长率［J］．数量经济技术经济研究，2014，31（12）．
［23］郭红兵，陈平．基于 SVAR 模型的中国产出缺口估计及评价［J］．数量经济技术经济研究，2010，27（5）．
［24］郭庆旺，贾俊雪．中国潜在产出与产出缺口的估算［J］．经济研究，2004（5）．
［25］郭学能，卢盛荣．供给侧结构性改革背景下中国潜在经济增长率分析［J］．经济学家，2018（1）．
［26］郭豫媚，陈彦斌．中国潜在经济增长率的估算及其政策含义：1979—2020［J］．经济学动态，2015（2）．
［27］国务院发展研究中心金融研究所货币政策传导机制研究组．中国银行体系贷款供给的决定及其对经济波动的影响［J］．金融研究，2003（8）．
［28］哈里·兰德雷斯，大卫·柯南德尔．经济思想史［M］．周文，译．北京：人民邮电出版社，2014.
［29］韩秀兰，李宝瑜．基于协整模型的我国投资规模失衡性研究［J］．统计与决策，2008（11）．
［30］何圣财．资产价格波动对开放经济内外均衡的影响研究［D］．长春：东北师范大学，2016.
［31］何晓群．多元统计分析［M］．四版．北京：中国人民大学出版社，2014（4）．
［32］胡健，董春诗．基于自然资源约束的内生经济增长路径研究——对罗默模型的扩展［J］．统计与信息论坛，2009，24（9）．
［33］黄桂田，赵留彦．供给冲击、需求冲击与经济周期效应——基于中国数据的实证分析［J］．金融研究，2010（6）．
［34］霍影．基于新古典增长模型的中国经济增长路径分析［J］．南京财经大学学报，2009（6）．
［35］纪明，许春慧．论中国当前供需结构性改革思路——基于供需转换与经济持续均衡增长视角［J］．社会科学，2017（1）．
［36］纪明．均衡增长的中国经济：要素价格扭曲、回归及效应［J］．社会科学，2015（1）．
［37］江春，吴宏．中国的国际收支失衡：基于收入分配的新视角［J］．财经问题研究，2009（10）．
［38］江三良，李攀．资本产出比、技术进步率与经济增长［J］．经济与管理评论，2016，32（4）．

[39] 雷钦礼．中国经济增长的均衡路径分析［J］．统计研究，2002（6）．
[40] 黎德福．二元经济条件下中国的菲利普斯曲线和奥肯法则［J］．世界经济，2005（8）．
[41] 李宝瑜，刘洋．中国现阶段环境约束下的适度经济增长率研究——基于废气排放量视角的分析［J］．统计与信息论坛，2014，29（4）．
[42] 李宝瑜．宏观经济失衡指数研究［M］．中国财经经济出版社，2010（12）．
[43] 李宝瑜．中国宏观经济失衡指数研究［J］．统计研究，2009，26（10）．
[44] 李军．人口老龄化条件下的经济平衡增长路径［J］．数量经济技术经济研究，2006（8）．
[45] 李仕兵，赵定涛．环境污染约束条件下经济可持续发展内生增长模型［J］．预测，2008（1）．
[46] 连飞．"稳增长"与"去杠杆"目标下的双支柱政策协调——基于供求冲击和金融摩擦视角［J］．财经理论与实践，2018，39（6）．
[47] 梁琪，滕建州．股票市场、银行与经济增长：中国的实证分析［J］．金融研究，2005(10).
[48] 梁莹，袁毅贤．相对风险规避系数与中国股权溢价之谜［J］．特区经济，2007（2）．
[49] 梁云芳，高铁梅，贺书平．房地产市场与国民经济协调发展的实证分析［J］．中国社会科学，2006（3）．
[50] 林毅夫，郭国栋，李莉，等．中国经济的长期增长与展望［Z］．北京大学中国经济研究中心讨论稿，2003.
[51] 刘金全，谢卫东．中国经济增长与通货膨胀的动态相关性［J］．世界经济，2003（6）．
[52] 刘俊玮，王一鸣，宁叶．选择偏差与股权溢价之谜——中国股票市场的风险厌恶程度测算［J］．证券市场导报，2017（7）．
[53] 刘威，舒琪，金山．基于G20评估体系的中国宏观经济失衡测度——兼论中国外部失衡治理的影响因素［J］．世界经济研究，2015（10）．
[54] 刘伟．我国经济增长及失衡的新变化和新特征［J］．经济学动态，2014（3）．
[55] 刘晓光，张杰平．中国杠杆率悖论——兼论货币政策"稳增长"和"降杠杆"真的两难吗［J］．财贸经济，2016（8）．
[56] 刘晓萍．我国经济结构失衡的突出矛盾与治理对策［J］．经济纵横，2014（8）．
[57] 刘雪晨，李宝瑜，张晰．蒙特卡洛特征样本采样方法研究［J］．统计与信息论坛，2019（1）．
[58] 刘雪晨，李宝瑜．企业所有制属性、性别差异与人力资本回报效率——基于CGSS 2015的实证研究［J］．河南师范大学学报（哲学社会科学版），2019，46（2）．
[59] 刘雪晨，张晓晶．中国PPI与CPI背离原因分析［J］．价格理论与实践，2017（4）．
[60] 刘雅娇，胡静波．房地产价格对实体经济波动的动态影响——基于Sys-GMM模型的实证分析［J］．财经科学，2018（4）．
[61] 刘燕妮，安立仁，金田林．经济结构失衡背景下的中国经济增长质量［J］．数量经济技术经济研究，2014，31（2）．

[62] 刘尧．经济增长和能源消耗关系的实证分析 [J]．统计与决策，2018，34（8）．
[63] 刘志彪．中国经济的新动向：要素价格不断上扬的趋势与变革 [J]．中国经贸导刊，2013（9）．
[64] 马文涛，魏福成．基于新凯恩斯动态随机一般均衡模型的季度产出缺口测度 [J]．管理世界，2011（5）．
[65] 潘敏，缪海斌．银行信贷、经济增长与通货膨胀压力 [J]．经济评论，2010（2）．
[66] 邱立新，徐海涛．能源、经济与环境协调发展的最优政策设计——基于 CGE 模型的实证研究 [J]．南京财经大学学报，2018（5）．
[67] 邱晓华，郑京平，万东华，冯春平，巴威，严于龙．中国经济增长动力及前景分析 [J]．经济研究，2006（5）．
[68] 申小刚．我国股票市场与经济增长的长期关系——基于协整的实证研究 [J]．技术经济，2010，29（8）．
[69] 沈中华，魏世杰，吕青桦．银行贷款与城市经济增长——基于中国城市的经验 [J]．山西财经大学学报，2010，32（2）．
[70] 石建民．股票市场、货币需求与总量经济：一般均衡分析 [J]．经济研究，2001（5）．
[71] 石永拴，肖继五，高士亮．我国宏观经济的结构性失衡对“双顺差”的影响研究 [J]．经济学动态，2012（10）．
[72] 舒晓惠，宋金奇．中国经济增长的均衡路径探析 [J]．统计与决策，2009（21）．
[73] 宋斌，文建东．经济平衡增长与结构变迁 [J]．江汉论坛，2017（1）．
[74] 苏国强．经济增长、流动性过剩与投资过热 [J]．江西财经大学学报，2008（2）．
[75] 孙立新．国际金融危机冲击与中国宏观政策反应效果研究——基于开放经济 DSGE-VAR 模型 [J]．山东大学学报（哲学社会科学版），2016（2）．
[76] 汤铎铎．三种频率选择滤波及其在中国的应用 [J]．数量经济技术经济研究，2007（9）．
[77] 万寿桥，李小胜．中国资本市场与经济增长关系的脉冲响应分析 [J]．财经研究，2004（6）．
[78] 王国成．从一般均衡到对策均衡：经济学的世纪抉择 [J]．天津社会科学，2000（1）．
[79] 王弟海，龚六堂．增长经济中的消费和储蓄——兼论中国高储蓄率的原因 [J]．金融研究，2007（12）．
[80] 王菲，杨雪，田阳，王思鹏．基于 EKC 假说的碳排放与经济增长关系实证研究 [J]．生态经济，2018，34（10）．
[81] 王慧炯，李泊溪，李善同．中国实用宏观经济模型 1999 [M]．北京：中国财政经济出版社，2000.
[82] 王晟，蔡明超．中国居民风险厌恶系数测定及影响因素分析——基于中国居民投资行为数据的实证研究 [J]．金融研究，2011（8）．
[83] 王双正．基于 VAR 模型的通货膨胀与经济增长关系研究 [J]．经济理论与经济管理，

2009（1）.

［84］王维，陈杰，毛盛勇．基于十大分类的中国资本存量重估：1978—2016 年［J］. 数量经济技术经济研究，2017，34（10）.

［85］韦森．从宏观数据看中国经济的当下格局与长期增长前景［J］. 财经问题研究，2017（4）.

［86］吴海瑾．经济增长方式转变与能源消费弹性系数变动研究［J］. 学海，2006（6）.

［87］吴立军，曾繁华．后危机时代中国经济增长的稳态路径研究——基于四万亿投资冲击下的偏离与均衡分析［J］. 当代财经，2012（1）.

［88］夏晶，许桂华．我国内外经济均衡的界定与失衡程度判断［J］. 改革与战略，2016，32（10）.

［89］肖红叶，顾六宝．中国经济增长路径中稳定状态推移的政策模拟——基于拉姆齐模型的实证研究［J］. 统计研究，2007（4）.

［90］谢志刚．对均衡的再认识——由社会主义经济核算大论战所引发的反思［J］. 社会科学战线，2010（4）.

［91］许伟，陈斌开．银行信贷与中国经济波动：1993—2005［J］. 经济学（季刊），2009，8（3）.

［92］闫坤，刘陈杰．我国“新常态”时期合理经济增速测算［J］. 财贸经济，2015（1）.

［93］杨飞虎．我国投资乘数、加速数与经济增长探析［J］. 经济与管理研究，2007（7）.

［94］杨旭，李隽，王哲昊．对我国潜在经济增长率的测算——基于二元结构奥肯定律的实证分析［J］. 数量经济技术经济研究，2007（10）.

［95］杨长汉．信贷投放、固定资产投资与经济增长［J］. 宏观经济研究，2017（5）.

［96］于凤玲，陈建宏，刘世明．基于联立方程模型的中国能源消费影响因素分析［J］. 统计与决策，2014（4）.

［97］余玲玲，程建华．我国经济适度增长环境下的通货膨胀区间估计［J］. 统计与决策，2015（19）.

［98］余雪飞．银行资本约束与中国宏观经济波动——顺周期性下的金融加速器效应研究［J］. 宏观经济研究，2013（2）.

［99］余永定，肖立晟．论人民币汇率形成机制改革的推进方向［J］. 国际金融研究，2016（11）.

［100］袁富华．长期增长过程的“结构性加速”与“结构性减速”：一种解释［J］. 经济研究，2012，47（3）.

［101］袁志刚．非瓦尔拉均衡理论及其在中国经济中的应用［M］. 上海：上海人民出版社，1997.

［102］原鹏飞，魏巍贤．房地产价格波动的宏观经济及部门经济影响——基于可计算一般均衡模型的定量分析［J］. 数量经济技术经济研究，2010，27（5）.

［103］张桂文，孙亚南．二元经济转型视角下中国潜在经济增长率分析［J］. 当代经济研究，2015（12）.

［104］张红伟，冉芳．货币供给、资产价格波动与实体经济增长——基于 2001—2015 年月度

数据的实证分析［J］. 经济问题探索，2016（3）.

［105］张连城，韩蓓 . 中国潜在经济增长率分析——HP 滤波平滑参数的选择及应用［J］. 经济与管理研究，2009（3）.

［106］张龙，白永秀 . 我国财政政策与货币政策及其配合效应模拟分析［J］. 数量经济技术经济研究，2010，27（12）.

［107］张卫平 . 货币政策理论：基于动态一般均衡方法［M］. 北京：北京大学出版社，2012.

［108］张烨卿 . 资本形成、内生技术进步与中国经济持续增长——基于资本产出比视角的实证研究［J］. 经济科学，2006（6）.

［109］张宗成，周猛 . 中国经济增长与能源消费的异常关系分析［J］. 上海经济研究，2004(4).

［110］章和杰，陶怡 . 中国内外均衡政策搭配研究文献综述——基于"三缺口"模型［J］. 经济论，2011（11）.

［111］赵慧卿 . 投资与经济增长：谁是推动力［J］. 统计与信息论坛，2004（1）.

［112］赵进文，范继涛 . 经济增长与能源消费内在依从关系的实证研究［J］. 经济研究，2007（8）.

［113］赵丽清 . 人口结构变量下的经济平衡增长路径探究［J］. 商业经济研究，2017（21）.

［114］赵昕东 . 基于 SVAR 模型的中国产出缺口估计与应用［J］. 经济评论，2008（6）.

［115］赵振全，于震，刘淼 . 金融加速器效应在中国存在吗？［J］. 经济研究，2007（6）.

［116］郑晓亚 . 股权风险溢价之谜的中国例证——基于标准 C-CAPM 模型的实证研究［J］. 湖南财政经济学院学报，2014，30（2）.

［117］中国经济增长前沿课题组 . 中国经济长期增长路径、效率与潜在增长水平［J］. 经济研究，2012，47（11）.

［118］中国经济增长与宏观稳定课题组 . 劳动力供给效应与中国经济增长路径转换［J］. 经济研究，2007，42（10）.

［119］中国人民银行营业管理部课题组，杨国中，李宏瑾 . 基于生产函数法的潜在产出估计、产出缺口及与通货膨胀的关系：1978—2009［J］. 金融研究，2011（3）.

［120］中国社会科学院数量经济与技术经济研究所 PRCGEM 课题组 . 中国税制改革效应的一般均衡分析［J］. 数量经济技术经济研究，2002（9）.

［121］钟永红，张卫国 . 资本监管约束下银行行为调整的动态特征分析［J］. 统计研究，2018，35（4）.

［122］周方 . 我国信贷配给对经济增长的影响研究［D］. 北京：中共中央党校，2016.

［123］周杰琦，汪同三 . 外商投资、环境监管与环境效率——理论拓展与来自中国的经验证据［J］. 产业经济研究，2017（4）.

［124］周靖祥 . 中国社会与经济不平衡发展测度与治理方略研究［J］. 数量经济技术经济研究，2018，35（11）.

［125］周立，王子明 . 中国各地区金融发展与经济增长实证分析：1978—2000［J］. 金融研究，

2002（10）.

[126] 朱剑冰，吕静，王立勇．我国潜在经济增长水平测算与经济增长态势研究［J］．价格理论与实践，2015（3）.

[127] 邹庆，陈迅，吕俊娜．我国经济增长与环境协调发展研究——基于内生增长模型和 EKC 假说的分析［J］．中央财经大学学报，2014（9）.

[128] ARESTIS P，DEMETRIADES P O，LUINTEL K B. Financial development and economic growth：the role of stock market［J］. Journal of Money，Credit and Banking，2001，（33）.

[129] BAYOUMI T，EICHENGREEN B. Is There a Conflict between EC Enlargement and European Monetary Unification?［J］. Cepr Discussion Papers，1992，15（3950）.

[130] BERGER T，EVERAERT G，VIERKE H. Testing for time variation in an unobserved components model for the U.S. economy［J］. Journal of Economic Dynamics & Control，2016，（69）.

[131] BERGER，ALLEN N，HASAN D，et al. The effects of focus versus diversification on bank performance：Evidence from Chinese banks［J］. Journal of Banking & Finance，2010，34（7）.

[132] BERNANKE B，GERTLER M，GILCHRIST S. The Financial Accelerator and the Flight to Quality［J］. Review of Economics and Statistics，1996，（78）.

[133] BLANCHARD O，QUAH D. The dynamic effects of aggregate demand and supply disturbances［J］. American Economic Review，1989（79）.

[134] BROCK W A，TAYLOR M S. The Kindergarten Rule of Sustainable Growth［R］. NBER Working paper，2003（9597）.

[135] CHAN J K，GARY P S. A bounded model of time variation in trend inflation，Nairu and the Phillips curve［J］. Appl. Econom，2016（31）.

[136] CHARI V，KEHOE P，MCGRATTAN E. New Keynesian Models：Not yet Useful for Policy Analysis［J］. American Economic Journal：Macroeconomics，2009，1（1）.

[137] COGLEY T.，THOMAS J. Inflation-gap persistence in the u.s.［J］. American Eonomic Journal Macroecon，2010（2）.

[138] THOMAS J. Drift and volatilities：monetary policies and outcomes in the post WWII［J］. U.S. Rev. Econ. Dyn.，2005，8（2）.

[139] Conference Board. Global Economic Outlook -2011［M］. New York：Conference Board，2010.

[140] DE MASI P. IMF Estimates of Potential Output：Theory and Practice［Z］. IMF Working Paper，1997.

[141] DOMA R. Capital Expansion，Rate of Growth，and Employment［J］. Econometrica，1946，14（2）.

[142] DU L，WEI C，CAI S. Economic Development and Carbon Dioxide Emissions in China：Provincial Panel Data Analysis［J］. China Economic Review，2012，23（2）.

[143] EECHENGREEN B, PARK D, SHIN K. When Fast Growing Economies Slow Down: International Evidence and Implications for China [J] . Social Science Electronic Publishing, 2011, 11 (1) .

[144] JOHN F. The real exchange rate and economic growth [R] . working paper of the Commission on Growth and Development, 2008 (4) .

[145] FODHA M T, ZAGHDOUD O. Economic Growth and Pollutant Emissions in Tunisia: An Empirical Analysis of the Environmental Kuznets Curve [J] . Energy Policy, 2010, 38 (2) .

[146] FOGEL R. Capitalism and Democracy in 2040: Forecasts and Speculations [Z] . NBER Working Paper, 2007.

[147] FOSTEN J, MORLEY B, Taylor T. Dynamic Misspecification in the Environmental Kuznets Curve: Evidence from CO2 and SO2 Emissions in the United Kingdom [J] . Ecological Economics, 2012, 76 (4) .

[148] FRIEDMAN M. A theoretical framework for monetary analysis [J] . Journal of Political Economy, 1970 (78) .

[149] GONZALO C M, DIEGO R P. Assessment criteria for output gap estimates [J] . Economic Modelling, 2003, 20 (3) .

[150] HARROD R F. An Essay in Dynamic Theory [J] . The Economic Journal, 1939, 49 (193) .

[151] HE D, WANG H. Monetary Policy and Bank Lending in China – Evidence from Loan–Level Data [J] . Ssrn Electronic Journal, 2013.

[152] HIROSE Y, NAGANUMA S. Structural Estimation of the Output Gap: A Bayesian DSGE Approach for the U.S. Economy [Z] . Bank of Japan Working Paper, 2007 (7) .

[153] ISKREV N. How Much Do We Learn from the Estimation of DSGE Models– A Case Study of Identification Issues in a New Keynesian Business Cycle Model [Z] . Mimeo, University of Michigan, 2008.

[154] IWATA H, OKADA K, SAMRETH S. A Note on the Environmental Kuznets Curve for CO2: A Pooled Mean Group Approach [J] . Applied Energy, 2011, 88 (2) .

[155] KAKES J, STURM J E. Monetary policy and bank lending. Evidence from German banking groups [J] . Journal of Banking & Finance, 2002, 26 (11) .

[156] KALDO R. Capital Accumulation and Economic Growth [M] . The Theory of Capital, New York: St. Martin Press, 1961.

[157] KASHYA P, ANIL K, JEREMY C. What Do a Million Observations on Banks Say about the Transmission of Monetary Policy? [J] . American Economic Review, 2000, 90 (3) .

[158] KRAFT J, KRAFT A. On the Relationship between Energy and GNP [J] . Journal of Energy and Development, 1978, 22 (2) .

[159] KUIJS L. China Through 2020: A Macroeconomic Scenario [Z] . World Bank China Office

Research Working Paper, 2009 (9).

[160] KYDLAND F E, Prescott E C. Time to Build and Aggregate Fluctuations [J]. Econometrica, 1982, 50 (6).

[161] LAWRENCE R. Economic Fluctuations in the United States: 1921—1944 [M].New York: Wiley, 1950.

[162] LEE J W, KISEOK H. Economic Growth in Asia: Determinants and Prospects [R].Asian Development Bank and Ewha Women's University, 2010.

[163] LEMOINE, MATTHIEU, MAZZI, et al. Real Time Estimation of Potential Output and Output Gap for the Euro-area: Comparing Production Function with Unobserved Components and SVAR Approaches [R]. Document de Travail, 2008, 34.

[164] LEVINE R, ZEROS S. Stock markets, banks, and economic growth [J]. American Economic Review, 88.

[165] LU C H, SHEN C H. Bank Lending and Economic Growth of Chinese Cities [J]. China & World Economy, 2012, 20 (2).

[166] MADDISON A. Contours of the World Economy, 1-2030 AD [M]. New York: Oxford University Press, 2007.

[167] MEADE J E. The theory of international economic policy, Vol.1. The Balance of Payments [M]. London: Oxford University Press, 1951.

[168] PAUL R R. Increase Returns and Long-Run Growth [J]. Journal of Political Economy, 1986, 94 (5).

[169] Rafael D, Victor G. Estimating Potential Output, Core Inflation, and the NAIRU as Latent Variables [J]. Journal of Business & Economic Statistics, 2006, 24 (3).

[170] RAVN M, UHLIG H. On Adjusting the HP-Filter for the Frequency of Observations [J]. Review of Economics and Statistics. 2002.

[171] ROBERT L S. On the Mechanics of Economic Development [J]. Journal of Monetary Economics, 1988, (22).

[172] ROBERT M. SOLO W. A contribution to the Theory of Economic Growth [J].The Quarterly Journal of Economics, 1956, 70 (1).

[173] SCHOLZ C M, ZIEMES G. Exhaustible Resources, Monopolistic Competition, and Endogenous Growth [J]. Environmental and Resource Economics, 1999, 13 (2).

[174] SONG T, ZHENG T, TONG L. An Empirical Test of the Environmental Kuznets Curve in China: A Panel Cointegration Approach [J]. China Economic Review, 2008, 19 (3).

[175] STELL A, ANDREA S, JAMES H. A State-dependent Model for Inflation Forecasting. International Finance [Z].Board of Governors of the Federal Reserve System, U.S, 2012.

[176] STERN D I. A multivariate cointegration analysis of the role of energy in the US macroeconomy

[J] . Energy Economics，2000，22（2）.

[177] STOKEY N L. Are There Limits to Growth? [J] . International Economic Review，1998，39（1).

[178] SWAN T W. Economic Growth and Capital Accumulation [J] . Economic Record，1956（32）.